大数据时代中小企业管理模式与创新

刘逸萱 著

中国商业出版社

图书在版编目（CIP）数据

大数据时代中小企业管理模式与创新 / 刘逸萱著. -- 北京：中国商业出版社, 2023.8
ISBN 978-7-5208-2569-6

Ⅰ.①大… Ⅱ.①刘… Ⅲ.①中小企业-企业管理-研究-中国 Ⅳ.①F279.243

中国国家版本馆CIP数据核字(2023)第143706号

责任编辑：王 静

中国商业出版社出版发行
（www.zgsycb.com 100053 北京广安门内报国寺1号）
总编室：010-63180647 编辑室：010-83114579
发行部：010-83120835/8286
新华书店经销
三河市吉祥印务有限公司印刷

*

710毫米×1000毫米 16开 12.25印张 190千字
2023年8月第1版 2023年8月第1次印刷
定价：55.00元

****

（如有印装质量问题可更换）

前言

现代企业管理是适应现代生产力发展的客观要求,运用科学的思想、组织、方法和手段,对企业的生产经营活动进行有效的管理,创造最佳经济效益的过程,即由企业的经营管理者和职工按照市场经济的规律和运行规则,对企业的生产经营活动进行计划、组织、领导和控制,以适应外部环境的变化,充分利用各种资源,调整企业内部的管理机制,全面提高企业社会效益和经济效益的活动。

如今,一个以"知识管理"为代表的崭新的经营管理时代悄然来临。持续不断的创新将成为企业持续发展的原动力,创新已经成为企业生存和发展的灵魂,对于中小企业来说,更是如此。中小企业最先感受到创新的现实压力,反过来,这种压力也会成为中小企业发展的动力。

就我国现阶段的经济发展而言,市场条件的变化、产业结构的调整,给大多数的企业带来了发展的压力,大企业对这种压力的承受能力相对强些,中小企业更容易陷入亏损境地难以生存下去,因此,中小企业要有更强的变革创新的动力,特别是一些技术型中小企业。它们无法像大企业那样依赖已经取得的产品市场地位,不得不靠创新获得竞争优势,管理创新成为它们生存发展的必要条件。

大数据时代的到来促使更多的信息化管理手段应用于中小企业的日常管理,提高了中小企业的管理水平,为企业的可持续发展创造了良好的条件。大数据技术的广泛运用,对于促进中小企业管理创新具有十分重要的价值,因此企业对其应有清醒而深刻的认识,努力构建适合大数据环境的企业管理路径。

本书探讨了大数据在中小企业财务管理、人力资源管理、营销管理、信息管理和质量管理中的应用，提出了大数据时代中小企业管理创新与发展策略，对于企业管理方面的学习者、研究者、从业者以及感兴趣者有一定借鉴意义。

由于笔者水平有限，书中难免存在不足之处，恳请广大读者批评指正。

刘逸萱

2023 年 1 月

目 录

第一章　中小企业管理概述 ································· 1

　　第一节　现代企业管理理论的形成与发展 ················· 1

　　第二节　中小企业管理的内涵与原理 ····················· 9

　　第三节　中小企业管理的内容体系 ······················ 18

第二章　大数据与中小企业管理创新 ······················· 37

　　第一节　大数据概述 ·································· 37

　　第二节　中小企业管理创新的基本理论 ·················· 48

　　第三节　大数据时代中小企业管理创新的路径 ············ 51

第三章　大数据时代中小企业财务管理的创新与发展 ········· 61

　　第一节　大数据对中小企业财务管理的影响 ·············· 61

　　第二节　大数据时代中小企业财务管理创新与发展的策略 ·· 67

　　第三节　大数据时代中小企业财务分析的创新与发展 ······ 71

　　第四节　大数据时代中小企业预算管理的创新与发展 ······ 84

第四章　大数据时代中小企业人力资源管理的创新与发展 ……99

第一节　大数据时代企业人力资源管理概述 …………………99
第二节　大数据在中小企业人力资源管理中的创新应用 ……108
第三节　大数据时代中小企业人力资源共享服务模式 ………118
第四节　大数据时代中小企业人力资源管理的策略与发展趋势126

第五章　大数据时代中小企业营销管理的创新与发展 …………135

第一节　大数据与中小企业营销变革 …………………………135
第二节　基于大数据环境的中小企业客户关系管理创新 ……143
第三节　大数据时代中小企业精准营销的发展 ………………152

第六章　大数据时代中小企业信息管理与质量管理的创新与发展 …165

第一节　大数据驱动中小企业信息管理的创新与发展 ………165
第二节　大数据时代中小企业质量管理的创新与发展 ………174

参考文献 ……………………………………………………………187

第一章 中小企业管理概述

第一节 现代企业管理理论的形成与发展

企业管理理论的形成与发展大体经历了传统管理、科学管理、近代管理、现代管理四个阶段。

一、传统管理阶段

传统管理是指科学管理理论确立前的管理思想，是现代管理思想的幼年时期，也是现代管理思想的萌芽和基础。

18世纪后期，英国经过第一次工业革命，瓦特改良的蒸汽机得到广泛应用，机器生产代替手工制作，自然力、机械力代替了人力，英国及欧洲其他各国相继建立了许多工厂。这个时期的企业，生产规模不大，生产技术也不复杂，管理工作主要依靠个人经验。对企业管理的认识，主要体现在工厂管理者的个人实践和经济学家的个别论述中，尚未形成系统的企业管理理论。

传统企业管理的主要特点是企业的所有者和管理者没有完全分离，企业管理者一般也是企业资本的所有者，专职的管理者并不多；传统企业管理是靠个人的经验和感觉，工人凭个人技术、经验操作，没有科学的操作规程；管理人员凭个人经验从事管理工作，没有统一的管理方法；管理人员和工人的培养，也只是靠师父带徒弟的办法，通过言传身教传播个人的经验、感受和体会，没有统一的标准和要求。

传统企业管理的主要内容是生产管理、工资管理和成本管理。企业管理者只关心和解决如何分工协作以提高生产效率，如何减少物资的消耗以赚取更多的利润等问题。这种状况一直延续到19世纪末期，那时传统企业管理已不能适应生产力发展的需要，客观上要求建立一套科学的企业管理理论和管理方法。

二、科学管理阶段

科学管理阶段的时间大致是19世纪下半叶至20世纪初。这期间，资本主义发展到了垄断阶段，为了适应生产力发展的需要，改善管理粗放和低水平的情况，当时在美、法、德等国家都产生了科学管理运动，形成了各有特点的管理理论。尽管这些管理理论的表现形式各不相同，但其实质都是采用当时人们所掌握的科学方法和科学手段对管理过程、职能和方法进行探讨和试验。这一阶段，科学管理代替了传统的经验管理，形成了一些以科学方法为依据的原理和方法，企业管理的理论发展进入了一个新的阶段。

科学管理理论主要有美国管理学家泰勒提出的科学管理理论，法国管理学者法约尔提出的一般管理理论和德国管理学家韦伯提出的行政组织体系理论。这些是当时典型的理论代表。

泰勒于1911年出版了《科学管理原理》，这是世界工业史上第一本以工厂管理作为研究对象的书，他提出的管理思想和管理方法对企业产生了深远的影响。《科学管理原理》的内容主要有：①采取职能组织形式，实行专业化分工，各负其责、各尽其职；②通过对生产劳动的动作研究和时间研究，制定标准的作业动作、程序、方法和时间；③规定工作定额，实施"胡萝卜加大棒"的政策，超额有奖，没完成定额受罚，实行差别工资制；④实行例外原则，即上司对下属分权，上司集中精力对企业重大事项作出决定，并实施有效管理。泰罗提出的上述科学管理原理和方法，在企业生产运营中被广泛采用，取得了积极的效果，使劳动生产效率大为提高，至今仍在许多企业被广泛应用。

法约尔针对企业经营管理的职能和原则，在他的《工业管理与一般管理》一书中，提出将管理职能从企业生产经营活动中分离出来，明确管理的五大职能是计划、组织、指挥、协调、控制；并提出实施管理的重要原则是分工、权力与责任的统一、纪律与命令的统一、指挥的统一、个人利益服从整体利益、员工的报酬、集权化、等级制、秩序、公平、职工工作的稳定、首创精神和集体精神。法约尔理论丰富了科学管理的理论，为管理组织理论的发展创造了理论条件。

韦伯在他的行政组织体系理论中提出：①组织体系存在明确的分工；②组织内部按职务级别，形成自上而下的等级系统；③组织依法规组建而成；④组织成员之间是一种职位关系，不受个人情感的影响；⑤任用人员须通过公开考试确定，有严格的选择标准和条件。

总之，科学管理理论是将丰富的管理经验进行系统和科学的总结，倡导运用科学的方法和手段来解决企业在生产管理及行政机构职能等方面的问题，使管理工作程序化、规范化和标准化，但对人的特性关注不够。

三、近代管理阶段

近代管理阶段的时间大致是20世纪20年代至50年代。第一次世界大战后，随着社会经济的发展，企业规模不断扩大，这对管理提出了更高的要求，继续沿用过去那种仅满足经济利益的要求来提升劳动生产率的方式已经不能适应社会发展的要求。这就促进了围绕人进行管理的行为科学的产生。

行为科学学派主要包括人际关系学说、激励理论、人性理论等，主要代表人物有梅奥、马斯洛、赫茨伯格、麦格雷戈等。

（一）人际关系学说

1933年，梅奥发表了《工业文明的人类问题》一书，提出了人际关系学说。其主要内容包括以下三个方面。

（1）企业职工是"社会人"。人不是孤立的，而是从属于某一工作集体，并受集体影响的。人除了经济方面的需求之外，还有友情、安全感、归属感等社会和心理方面的需求。

（2）重视非正式组织的作用。企业中不仅存在正式组织，而且存在着非正式组织。这种非正式组织是企业成员在共同工作的过程中，由于抱有共同的社会感情而形成的非正式团体。这些团体能影响职工的行为，应重视它对提高劳动生产率的作用。

（3）新型领导能力的作用在于提高士气。这是提高生产效率的主要方法。企业领导要善于了解职工的行为方式及其原因，善于听取职工的意见，正确处理人际关系，保持正式组织与非正式组织之间的平衡，通过提高职工的满足度来鼓舞士气。这就要求管理人员不仅有技术能力，而且有保证组织成员之间合作的社会能力。

梅奥的人际关系学说围绕"社会人"假设展开，侧重研究人群关系，在科学管理和组织管理之外，开辟了一个新的领域，为行为科学的形成和发展奠定了基础。

（二）激励理论

激励是指管理者通过刺激产生动机的内外因素，促使员工的行为指向企业目标活动。激励理论就企业中调动人的积极性这一基本问题作了系统、详尽的分析。激励理论的代表性理论是需求层次理论和双因素理论。

1.需求层次理论

美国心理学家马斯洛在《人类动机理论》《激励与个性》等著作中，把人的需求按其重要性和发生的先后顺序分为五个层次。第一层次是生理的需求，包括人的衣、食、住、行等维持生存所必需的物质需求。第二层次是安全的需求，包括工作保障、人身安全、免除风险和威胁等需求。第三层次是社会或社交的需求，包括参加组织、获得友谊、赞许和群体归属感等。第四层次是尊重需求，人的归属需求一旦被满足，人就会有自尊和被人尊重的需求，这种需求产生了对权力、声望、地位和自信这样一类的满足愿望。第五层次是自我实现的需求，一个人需要做他适合做的工作，从而发挥自己的潜能，实现自我价值。这是一种使人能最大限度地发挥个人的才能、个性和潜在创造力的需求，是最高层次的需求。

马斯洛的需求层次理论从需求出发研究人的行为规律，指出通过满足人的物质和精神两方面的需求可以调动人的积极性。该理论告诉我们，管理者不能只着眼于职工的物质需求，还应该注意和重视职工的精神需求，关心和尊重职工。

2.双因素理论

美国管理学家赫茨伯格在他的《工作中的激励因素》《工作与人性》等书中,提出了"激励因素—保健因素"理论,也称"双因素"理论。他认为影响工作动机的因素有两类:一类是工作本身的内在因素,如工作成就、得到赏识和提升等,这类因素被称作"激励因素"。激励因素的特点是,有了这些因素会产生激励效果,但没有这些因素不会使职工感到不满。另一类是工作外的外部因素,如公司政策和管理、监督、工资、工作条件、上下级之间的关系等,这类因素被称为"保健因素"或"维持因素"。保健因素的特点是,没有这些因素职工会感到不满,有了这些因素并不构成激励。

赫茨伯格发展了马斯洛的需求层次理论。他的理论说明了在激励职工动机时,必须具体问题具体分析,准确区分两类因素:一方面要为职工提供一个良好的工作环境,以消除职工的不满情绪;另一方面要积极有效地使用激励因素,调动职工的积极性。

(三)关于人性的理论

1.X-Y理论

美国麻省理工学院社会心理学教授麦格雷戈在《企业的人性面》一书中,提出了企业管理中的人性理论,称为X-Y理论。X-Y理论是实证性的研究成果。麦格雷戈针对"你的员工(或下属)是一个什么样的人"这个专题,对企业老板(或高层管理人员)进行了大量调查,将调查结果分类归纳为两种截然相反的观点,且持不同观点的人数大致上相同。他将这两种不同的观点定义为X理论和Y理论。

X理论认为,人的本质是坏的,生来就是懒惰的,缺乏进取心,喜欢以自我为中心,对组织需要漠不关心;多数人宁愿服从而不愿负责任;对多数人必须用监督、强制甚至惩罚的手段。

麦格雷戈认为,这种理论对人的本性的假设是错误的,这样估计和对待人性,会引起职工的敌视和反抗。他主张对人性做相反的假设,用Y理论代替X理论。

Y理论认为,人并不总是被动的,人们并非生来就厌恶劳动,如果能提供适当的环境和机会,人们是会渴望发挥其才能和潜力的;强制和惩罚不是实现组织目标的唯一手段，多数人愿意对工作负责，并富有创造才能和主动精神；人们能够通过自我管理和自我控制去实现目标。

麦格雷戈把Y理论称为"人员管理工作的新理论"，其管理原则就是目标一致、自我指挥和自我控制，相信大多数人具有相当高的意愿及解决组织问题的想象力、创造力。管理的任务就是创造一种环境，使个人和组织的目标融合一致，个人的满足就是组织的成就。这为后来产生的"目标管理"奠定了理论基础。

2. 不成熟—成熟理论

美国哈佛大学教授克里斯·阿吉里斯对企业中的人的个性和组织关系问题进行研究后，提出了不成熟—成熟理论。他认为，人的个性发展，与人的成长过程一样，会经历一个从不成熟到成熟的连续发展过程，会发生下列七个方面的变化：从被动到主动；从依赖到独立；从少量的行为到能表现多种行为；从浅薄、淡漠的兴趣到较深和较强的兴趣；从目光短浅到目光长远；从附属地位到同等或优越的地位；从不明白自我到明白自我和控制自我。

该理论认为，传统的管理组织强调专业化，限制个人独立自主和创造性的发挥，影响人的成熟和自我实现；传统的领导方式把成年人当成小孩对待，束缚了他们对环境的适应能力和控制能力，也阻碍了人们的成熟。要促进人们行为的成熟，管理者就应针对下属的成熟程度分别指导，如可以通过扩大职工的工作范围，采取参与式的、以职工为中心的领导等方式，依靠职工的自我控制来消除个性和组织之间的不协调。

四、现代管理阶段

现代管理阶段的时间大致是20世纪50年代至今。第二次世界大战以后，现代科学技术的发展日新月异，生产的自动化、连续化、社会化程度空前加深，这些都促使企业的生产经营活动和管理活动更加复杂化。

（一）现代管理学派及理论

1. 社会系统学派

社会系统学派的代表人物是巴纳德。其主要观点：组织是一个社会协作系统，组织的产生是人们协作愿望的结果；组织的存在需要明确的目标、协作意愿和意见交流；组织效力是组织存在的前提，组织效率是组织生存的能力；管理人员的权威来自下级的认可；经理人员的作用是信息联系系统的中心。

2. 系统管理学派

系统管理学派的主要观点：企业管理系统由人、资金、物、技术、时间、信息六个基本要素构成，它们在一定目标下组成一体化系统；企业管理系统是一个由许多子系统组成的、开放的社会技术系统；企业管理系统内部有运行系统、控制系统、支持系统、信息系统；企业管理分为作业层（基层管理）、协调层（中层管理）、战略层（高层管理）。

3. 决策管理学派

决策管理学派是在社会系统学派的基础上发展起来的，其主要观点：管理就是决策，管理职能的实现离不开决策；管理者在管理中要追求"满意标准"而非传统的"最优标准"；决策分为程序化决策（反复出现和例行的决策）和非程序化决策，是一个复杂的过程。

4. 经验管理学派

经验管理学派又称案例学派，其代表人物是德鲁克、戴尔。其主要观点：管理有取得经济效果（利润）、使工作具有生产性、承担企业对社会的责任三项任务；提倡实行目标管理；对高层管理问题给予高度重视。

5. 管理科学学派

管理科学学派的主要观点：第一，管理为决策服务，运用数学模型增加决策的科学性；第二，各种可行的方案均是以经济效果作为评价的依据；第三，广泛地使用电子计算机。

6. 权变管理学派

权变管理理论是 20 世纪 70 年代在美国形成的一种管理理论。这一理论的核心就是研究组织的各子系统内部和各子系统之间的相互联系，以及组织和它所处的环境之间的联系，并确定各种变数的关系类型和结构类型。它强调在管理中要根据组织所处的内外部条件随机应变，针对不同的具体条件寻求不同的最合适的管理模式、方案或方法。

（二）现代管理阶段的特点

现代管理阶段具有以下几个基本特点。

（1）注重决策。由于产品逐渐供大于求，市场竞争日趋激烈，企业为了生存和发展，开始注重对经营发展战略的研究与预测，进行前馈控制，努力使企业的经营目标和采取的重大措施适应未来环境的变化。这时的管理学家提出了"管理的重心在经营，经营的重心在决策"的观点，强调面向市场用户、搞好经营决策的重要性，力求提高盈利水平。

（2）突出以人为中心的管理。现代企业间表现突出的科技竞争实质上是人才的竞争，而现代人自我意识和对生活质量的要求的提高，又要求管理者"投其所好"。现代管理理论认为，既不能把人看作"经济人"，也不能把人看作"社会人"，而要把人看作"复杂人"。人是怀着不同的需要加入组织的，不同的人有不同的需求，同一个人在不同时期有不同的需求，同一个人在某一时期的需求也可能是多种需求的动态组合。因此，管理者要用多种适当的方法来满足人们的不同需求，从而充分挖掘每个人的内在潜力和创造精神，调动他们的热情使其为实现企业的目标而奋斗。

（3）强调不断创新。在激烈的竞争中，应该把提高技术水平、开展技术创新、开发新产品、创建品牌作为企业发展的核心问题。同时，为了适应市场的变化，企业不应满足于生产一两种产品，而应实行生产经营多样化。

（4）在管理上广泛运用现代科学技术的新成果。这包括运用科学的先进方法，运用运筹学知识和电子计算机技术等现代化的技术手段，高度重视信息系统的建立，从而形成高效科学的管理体系，大大提高管理的效率。

（5）强调系统管理。要把企业看作一个开放的系统，从整体出发而不是从局部出发进行管理。按照这个观点，企业是一个更大的系统中的一个子系统。同时，企业作为一个由许多既有分工又有协作的因素和环节组成的系统，本身又可以分为许多子系统，如计划、采购、生产、销售、财务等。因而，企业管理涉及的因素是方方面面的，不能只考虑某些因素而忽略另一些因素；企业追求的也不应是生产率最高，而是生产率适宜。企业管理强调运用系统思想和系统分析方法来指导管理实践，注重全盘考虑，借以作出最优决策，争取最佳效果。

第二节 中小企业管理的内涵与原理

一、中小企业的相关认知

（一）中小企业的概念

中小企业是和大企业相比较得出的概念，所谓"中小"主要体现在企业规模方面。企业规模可以通过企业的生产要素和经营结果的状况反映出来，但中小企业始终是一个相对的、比较模糊的概念，无论从理论上还是从实践中，都很难给它下一个确切完整的定义。这主要是因为：第一，世界各国或地区的经济发展水平差别很大，中小企业所处的经济发展环境也不同，很难将对中小企业的界定标准统一起来；第二，即使是在同一国家或地区，对中小企业的界定和划分标准也会随经济发展状况的变化而相应做出改变，处于不同经济发展阶段的标准不可能一成不变；第三，企业自身的发展是动态变化的，且包含多方面的要素和条件，比较复杂，要找到一个完整一致的标准或指标把这些要素都纳入其中是很困难的。另外，相关管理部门界定中小企业的范围，目的不在确定一个概念，而是明确扶持和促进中小企业健康发展的覆盖面。

通常经济学中所指的中小企业，是在一定的历史时期内，相对于同时代的其他企业，生产经营规模较小，不处于市场主导地位的企业。

（二）中小企业的特点

中小企业相比大型企业有以下特点。

1. 中小企业经营范围广

中小企业分布于国民经济的各个行业，涉及所有的竞争性行业和领域，即中小企业广泛地分布于第一、第二和第三产业中的各个行业，尤其是集中在一般加工制造业、农业、采掘业、建筑业、运输业、批发和零售贸易业、餐饮和其他服务业等。

2. 中小企业生产经营灵活，适应性强

中小企业能根据市场的需求变化迅速组织生产，准备期短、适应性快、灵活性强，在经济发展中具有较强的生命力。一方面，中小企业具有填补市场空缺的功能，适应若干产品市场销路有限的小规模生产，可弥补大中型企业的空隙。一旦市场中有了某种需求，市场的夹缝中出现商机，中小企业就会及时嗅到并予以捕捉。另一方面，中小企业无须较多的资金和技术力量便可开业，并能在经营中推陈出新，令大企业防不胜防。同时，中小企业具有"船小好掉头"的应变能力，可根据市场行情的变化随时调整产品结构，改变生产方向，甚至转行。这主要是由于中小企业所提供的商品或服务大多数产量小，加工层次较低、工序少，因而能在较短时间内转产，并以量少样多的生产方式不断开发新品种、新式样，从而适应变化不断的国内外市场的需要。此外，中小企业受宏观经济条件变化影响相对较低，且可以在经济条件变化后较快地进行调整。

3. 中小企业机构简明，经营效率高，易于调动职工积极性

中小企业规模小，企业管理层次少，管理的幅度窄，易于管理、易于决策。机构简明，用工制度灵活，既减少了企业的成本，也便于调动职工的积极性，开发人力资源。机构简明，减少了信息传递的层次，加快了信息流通，提高了经营效率。此外，中小企业人数较少，分工有时不那么细致和固定，职工可以根据工作需要变更岗位，每个人都有更多的锻炼、提高和表现才干的机会；管理者比较接近职工，更了解职工的工作情况和能力，可以量才使用，人才提拔可以不受条条框框束缚，有利于人尽其才。

4. 中小企业主要面向国内市场

世界各国中小企业的生产、服务，都是以市场需求为导向产生的。

（1）吸纳就业。中小企业有吸纳劳动力、解决就业问题的作用。由于我国人口多，就业压力长期存在，这就需要充分发挥中小企业吸纳劳动力的作用。

（2）满足众多人口的需求。由于我国人口众多，需求呈现多样性、不同层次性，这就决定了中小企业的生产、服务要面向国内市场，满足其需要。

（3）弥补大企业生产、服务不足。由于资金有限，中小企业主要集中在劳动密集型产业，为客户提供生产、服务，填补大企业不能为或不愿做的产品、服务的市场。

以上三大问题的存在，决定了我国中小企业在过去乃至将来较长时期的发展方向主要是国内市场。

（三）中小企业的地位和作用

中小企业在我国国民经济和社会发展中具有举足轻重的地位和作用，主要表现在以下几个方面。

1.中小企业是企业改革的先驱力量

我国企业改革通常是由下至上进行的，企业改革的经验主要是由中小企业积累的，中小企业是改革创新的先驱力量。这是因为相对大企业而言，中小企业的改革创新成本较低，操作较为容易，社会震动较小，新体制进入也较为容易。在整个企业改革创新进程中，中小企业往往是试验区，是改革创新重点、难点的突破口。从实践来看，承包、租赁、兼并、拍卖、破产等方面的改革措施，都是在中小企业、城乡集体企业中率先试验和推广的。中小企业的改革经验，对搞好大企业改革具有很好的借鉴意义。

2.中小企业能够有效解决社会就业问题

中小企业发展可以有效解决社会就业问题。有资料显示，日本的大企业资本有机构成相当于小企业的四倍。[①]也就是说，同样的资金投入小企业中，可以增加三倍人员就业。大企业和中小企业在社会经济发展中发挥的功能不同，大企业是形成国家工业体系、体现综合技术水平、反映国家竞争力、保证产业安全等的重要力量，其解决就业问题能力相对有限。而中小企业可以大量地安排劳动力就业，维护社会稳定。由于中小企业解决就业人数多，向社会提供较丰厚的社会保障资金，具有明显的竞争活力，因而相当部分科技创新来自中小企业。

3.中小企业是技术创新的重要源泉

中小企业也是技术创新的重要力量，这不仅体现在中小企业呈现出以知识和技术密集型取代传统的劳动密集型、资本密集型的发展趋势，而且由于

---

① 徐宏.旅游行业中小企业经营管理[M].成都：西南交通大学出版社，2019：14.

中小企业经营灵活、高效的特点，其科技转化为现实生产力所耗费的时间和精力的环节也大为减少。因为高科技产业是高风险产业，大企业一般注重常规生产，不愿意冒风险。而小企业往往因为船小好掉头，成为科技转化为生产力的"试验田"。我国中小企业中的高新技术企业，在科技创新、技术开发等方面意识强、行动快，成为名副其实的技术创新的生力军。

4. 中小企业是大企业成长发展的基础

中小企业的发展路径有两条尤为显著。其一，在中小企业的发展过程中，通常在原始资本积累期间，以一个或数个技术含量很高的产品打开市场，然后迅速滚动发展，以比传统的大企业更快的速度完成积累，从而成长为实力雄厚的大型企业。如国外的IBM、微软，国内的腾讯、阿里巴巴等，这些大型企业都是从小企业起步，走过了相似的道路。其二，大量的中小企业经营着大企业产业价值链上的各个环节，与大企业密切合作，为大企业配套生产，从而成长为大企业的合作伙伴。例如，上述的国内外知名大企业，在其价值链的上、下游均存在着大量的与之合作、配套的中小企业。大企业与中小企业的密切合作，既支持了大企业的发展，又带动了中小企业的发展。

二、企业管理的概念与职能

（一）企业管理的概念

企业管理就是通过企业经理人员或者经理机构对企业的经济活动进行计划、组织、协调、控制以提高经济效益的活动的总称。主要包括两大生产经营活动：一是企业的内部活动，即以生产为中心的基本生产过程、辅助生产过程和生产后的服务过程，这一过程称为生产管理；二是企业的外部活动，即物资的供应、产品销售、市场调查、对用户的服务等，这一过程一般称为经营管理。所以经营管理不仅要合理组织全部的生产活动，还要维护其赖以产生、存在的社会关系，科学合理地组合全部经营活动。

（二）企业管理的职能

企业管理的职能是指企业管理的职责、功能，包括基本职能和具体职能。

企业管理的具体职能主要包括计划、组织、领导和控制。

1. 计划职能

计划职能是指管理者为确定企业目标和实现目标的途径、方法、资源配置等所进行的管理工作的职能。计划职能是协作劳动的必要条件。在协作劳动中，必须有统一的目标，必须对各项活动、各种资源的利用和每个人的工作进行统一安排，才能使参与者彼此配合，最终实现预期目标。这就需要用计划作为指导人们开展各项工作的纲领和依据，没有计划的企业是无法生存的。

计划职能是企业管理各项职能中的首要职能，在管理职能中处于主导地位，其他职能都需要由它提出目的、要求和标准。计划职能有利于正确把握未来，使企业的活动与社会的需要协调一致，在变化的市场环境中健康稳定地发展；有利于统一全体员工的行动，使大家共同努力实现企业的经营目标。

计划职能的主要内容和程序：对企业内外部环境及未来的变化趋势进行分析预测；根据市场需要、企业内部条件的分析和企业自身的利益制定中长期和近期目标；制订方案，选择方案；编制企业综合计划和专业计划；检查计划执行情况，通过控制职能实现计划。

2. 组织职能

组织职能是指管理者为了实现企业的共同目标与计划，确定企业成员的分工与协作关系，建立科学合理的组织机构，使企业内部各单位、各部门、各岗位的责任和权力相一致，并彼此协调，以保证企业目标能顺利实现的一系列管理工作。合理、高效的组织结构是实施管理、实现计划的组织保证。因此，不同层次、不同类型的管理者总是或多或少地承担不同内容的组织职能。

组织职能属于执行性职能，目的是统一与协调整个企业的活动，使企业的各个构成要素具有凝聚力，能集中指向企业的计划目标。它一方面通过合理配备和使用企业资源，使资源最大限度地发挥作用；另一方面能为企业创造良好的环境，使企业内外的信息流保持畅通和迅速。

组织职能的内容一般包括：设计与建立组织机构；合理分配职权与职责；选拔与配置人员；制定各项规章制度；推进组织的协调与变革等。

3. 领导职能

领导职能是指各级组织的管理者指挥、激励下级，以有效实现组织目标的行为。领导职能的内容一般包括以下方面：运用权威，实施指挥；选择正确的领导方式；激励下级，调动其积极性；进行有效沟通；等等。

凡是有下级的管理者都要履行领导职能，不同层次、不同类型的管理者领导职能的内容及侧重点各不相同。高层管理者，即企业中最高领导层的组成人员，主要职能为决策，也称为决策层。中层管理者，即企业中层机构的负责人员，他们是高层管理者决策的执行者，行使高层授权下的指挥权，也称为执行层，如车间主任。基层管理者，即在生产经营第一线的管理人员，他们负责将组织的决策在基层落实，制订作业计划，负责现场指挥与现场监督，也称为作业层，如生产车间的班组长。领导职能是管理过程中最关键、最常用的职能。

4. 控制职能

控制就是监督各项活动，以保证组织能够按照计划顺利完成既定目标。由于外界环境或条件可能改变，以及执行人员在具体实施计划的过程中可能出现的偏离目标等问题，所以有必要对组织的人员、财务、作业、信息、绩效等进行控制。具体程序包括：①控制标准的制定，常用的标准有实物量标准、费用标准、时间标准、质量标准。②衡量实际工作情况，要综合利用各种方法进行系统检查，需要跟踪工作进展，及时预告脱离正常或预期成果的信息，建立统计制度、报告制度、报表制度等来保证衡量工作的顺利进行。③鉴定偏差并采取矫正措施，比较实际工作与控制标准，确定有无偏差，对于有偏差的进行原因分析并采取相应的措施，若有必要也要对计划进行调整。常用的控制方法如下。

（1）预算法，包括收支预算、实物预算、现金预算、投资预算、总预算。

（2）生产和库存控制，主要是对生产过程的生产进度和产品数量进行控制，以及合理安排物资库存量保证生产经营活动的物资提供。

（3）质量控制，实行全过程、全方位、全员参与的质量控制方法，以保证产品或服务的质量水平，充分满足顾客的需求。

（4）成本控制，在生产活动过程中，使各种支出和劳动的消耗控制在规定的标准范围内，达到预期的成本目标。

（5）人员控制，对员工进行培训、调配、绩效考核，力求人尽其职，人尽其能。

四大企业管理具体职能的关系是：一方面，在企业管理实践中，计划、组织、领导和控制职能一般是顺序履行的，即先执行计划职能，然后是组织、领导职能，最后是控制职能。另一方面，上述职能不是单独实施的，在实际管理中这四大职能又是相互融合、相互交叉的。例如，计划的实施依托于组织，组织职能为计划任务的完成提供组织保证，计划职能为组织职能规定了方向乃至具体要求。计划目标需要领导的批准，计划的实现又需要领导的指挥和控制职能，而控制标准的制定却要参考计划。四大企业管理具体职能的中心有一个"协调框"，进一步验证现代企业管理的本质任务是协调活动，是以协调为中心的计划、组织、领导和控制等活动（见图1-1）。为了做好各种协调工作，就必须通过计划、组织、领导和控制职能来实现。

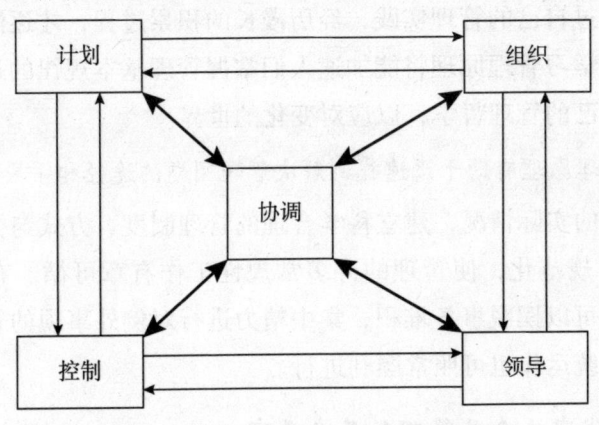

图 1-1 四大企业管理具体职能的关系

三、中小企业管理的基本原理

企业管理原理是对管理工作的实质内容进行科学分析总结而形成的基本原理，它是现实管理现象的抽象，是对各项管理制度和方法的高度综合与概括，因而对企业管理活动具有普遍的指导意义。

（一）企业管理原理的研究意义

1.掌握企业管理原理有助于提高企业管理工作的科学性

管理原理是不可违背的管理的基本规律。实践反复证明，凡是遵循这些原理的管理，都是成功的管理；反之，企业管理有可能失败。有很多企业存在管理混乱的问题，职工的积极性不能充分发挥，企业经济效益很差，甚至出现大量亏损的情况，其原因虽然复杂，但认真分析一下，都与其违背管理原理分不开。认识管理原理之后，实践就有了指南，建立管理组织、进行管理决策、制定规章制度等就有了科学依据。

2.研究企业管理原理有助于掌握管理的基本规律

管理工作虽然错综复杂、千头万绪、千变万化，但万变不离其宗。各类管理工作都具有共同的基本规律，管理者只要掌握了这些基本规律，就可以面对任何纷繁复杂的局面都胸有成竹，管理得井井有条。这也就是许多成熟的管理者在各种不同的管理岗位上都能取得成功的原因。在现实生活中，许多管理者是通过自己的管理实践，经历漫长的积累过程，才逐渐领悟到管理的基本规律。学习管理原理将能加速人们掌握管理基本规律的过程，使人们更快地形成自己的管理哲学，以应对变化的世界。

3.掌握管理原理有助于迅速找到解决管理问题的途径和手段

依据组织的实际情况，建立科学合理的管理制度、方式与方法，使管理行为制度化、规范化，使管理的许多常规性工作有章可循、有规可依，这样，领导者就可以摆脱事务堆积，集中精力进行对例外事项的管理，即使领导者更换，系统运作也可照常顺利进行。

（二）现代中小企业管理的基本原理

中小企业管理的基本原理主要包括人本原理、规律性原理、控制性原理、弹性原理、激励原理和效益原理。

1.人本原理

世界上一切科学技术的进步、物质财富的创造、社会生产力的发展、社会经济系统的运行都离不开人的服务、人的劳动与人的管理。人本原理就是以人为中心的管理思想。这是管理理论发展到20世纪末的主要观点。

人本原理包括下述主要观点：①职工是企业的主体；②职工参与是有效管理的关键；③使人性得到最完美的发展是现代管理的核心；④服务于人是管理的根本目的。因此，尊重人、依靠人、发展人、为了人是人本原理的基本内容和特点。

2. 规律性原理

运用辩证唯物主义的规律性认识管理工作并对其进行研究，达到按照生产力、生产关系和上层建筑发展运动的客观规律来管理中小企业的目的，这就是规律性原理。根据生产力发展规律，中小企业管理要达到以下要求：社会化生产必须按专业化、协作化、联合化加以组织，生产的组织要依据不同的生产特点和类型采取不同的组织形式、控制方法；企业的发展和技术改造要符合生产力合理布局的要求。

3. 控制性原理

现代中小管理的控制活动是通过不断接受和交换内外信息，依据一定的标准，监督检查计划的执行情况，发现偏差，采取有效措施调整生产经营活动，以达到预期的目标。控制职能是社会化生产的客观要求。没有控制职能，管理职能体系就不完整，也就不能进行有效管理。一个系统的控制功能要发挥作用必须具备两个基本前提：计划职能和控制职能的实施。组织机构是以计划为依据的，计划越是明确、全面和具体，控制的效果也就越好，同时计划中要有明确的检验标准，这是有效控制的条件之一；控制职能的发挥还需要相应的组织机构，以实现对计划执行情况的考察、衡量，并对偏差采取纠正措施，保证计划的顺利完成。在控制活动中必须做好信息反馈，这也是实现有效控制的重要条件。所以在控制系统组织机构中应明确规定有关信息的收集、整理、传送的分工和职责。

4. 弹性原理

中小企业管理的弹性原理是管理在客观环境作用下为达到管理目标应变的能力。其主要内容如下：一是由于随机性和偶然性是客观存在的，不能静止地、机械地看问题；二是随机性和管理领域的特点，要求中小企业管理必须具有一定的弹性；三是使管理具备弹性的办法是在大量统计中发现规律，在高层次范围内发现方向，基于潜在问题进行应变准备，给中小企业管理更大的灵活性。

17

但在应用弹性原理时必须注意"消极弹性"。"消极弹性"的根本特点是把留有余地当作"留一手"。例如，制订计划松一些、制订指标低一些等。这种消极弹性虽在特定条件下可以有限地运用，但现代中小企业管理要着眼于"积极弹性"，不是"留一手"，而是"多几手"，即通过充分发挥智慧，进行科学预测，制订可供选择的多种调节方案以适应变化的客观环境，从而在任何条件下都有保证获得最佳效益。

5. 激励原理

任何形式的运动都需要动力。管理作为一种运转形式，要持续而有效地运行下去，也必须依靠强大的动力来推动。人是企业系统的基本组成要素，人的积极性具有极大的内在潜力，中小企业必须采用科学的方法激发人的内在潜力，使每个人都尽其所能、自觉努力地工作，这就是管理的激励原理。

激励原理表明，人们的努力决定于奖励的价值及个人认为需要努力的程度和获奖概率。

6. 效益原理

中小企业作为商品生产者和经营者，必须以尽量少的消耗和资金占用，生产出尽可能多的符合社会需要的产品，不断提高经济效益，这就是管理的效益性原理。追求经济效果、提高经济效益是企业的根本目标之一，是中小企业各方面工作的综合表现。提高经济效益实质上是提高劳动生产率，是社会经济效益得以增长的前提。

第三节 中小企业管理的内容体系

中小企业管理涉及很多方面，如财务管理、人力资源管理、市场营销管理、信息管理、质量管理、专利管理、生产管理、物流管理等，本书主要研究中小企业的财务管理、人力资源管理、市场营销管理、信息管理和质量管理。

第一章 中小企业管理概述

一、财务管理

(一) 财务管理的概念、特征与地位

1. 财务管理的概念

财务管理又称为企业理财活动，它是以企业特定的财务管理目标为导向，组织财务活动、处理财务关系的价值管理活动，是企业管理的重要组成部分。

对财务管理这一概念的理解主要包括三个方面：①组织财务活动。这就需要了解企业有哪些财务活动，且要区别一般的财务活动和特殊的财务活动。一般的财务活动是筹资、投资、资产的运营、分配，而特殊的财务活动则是指兼并收购、跨国经营等。财务管理主要解决的是一般财务活动问题。②处理财务关系。在资金运营过程中表现出不同的财务关系，一个合格的财务管理人员或经济管理人员能不能真正理解和运用好财务管理，显然在于他能不能处理好各种各样的财务关系。③管理工作具有综合性。这就意味着财务管理不同于人事管理及单纯的物资管理。

2. 财务管理的特征

财务管理是一种价值管理，即对企业再生产过程中价值运动所进行的管理。财务管理利用资金、成本、收入等价值指标来组织企业价值的形成、实现和分配，并处理这种价值运动中的经济关系。其目的是千方百计使资金释放出最大的能量，实现价值增值、提高资金效益。

此外，由于财务管理工作涉及企业各部门和各个方面，属于价值管理的范畴，且企业经营活动会在财务上全面体现出来。因而，财务管理还具有涉及面广、综合性强和灵敏度高等特征。

3. 财务管理的重要地位

财务管理是企业管理中最全面、最综合的管理，处于十分重要的地位：首先，它是企业开展生产经营活动的基本条件，是贯彻财经制度的保证；其次，它是协调与控制生产活动，正确处理财务关系的关键；最后，它是加强企业管理，提高经济效益的重要手段。

（二）财务管理目标、原则和内容

1. 财务管理的目标

财务管理目标是财务管理理论和实务的导向。在财务管理理论结构中，财务管理目标具有承上启下的作用，不同的财务管理目标，必然产生不同的理论构成要素和理论逻辑层次关系。在财务管理实务中，财务管理目标是企业财务管理活动所要达到的根本目的，是企业财务管理活动的出发点和归宿。

（1）财务管理目标的特征。合理的财务管理目标应当具备以下特征。

①可计量性。可计量性又称为可测性，是财务管理目标的首要特征。合理的财务管理目标应当可以准确计量，具有明确、具体、定量化的财务指标，使其具有较强的可操作性。

②一致性。一致性又称为统一性，是指财务管理目标应当与企业经营目标保持一致。财务管理活动作为企业经营管理活动的一部分，应当服从企业经营管理活动的总目标。

③阶段性。由于财务管理目标应当与企业目标一致，因此在不同阶段，企业经营目标不同，财务管理目标也会有所不同，这样就形成了财务管理目标的阶段性特征。

（2）财务管理目标的不同观点。关于企业财务管理的目标，具有代表性的观点有三个：一是利润最大化和每股盈余最大化，二是企业价值最大化或股东财富最大化，三是利益相关者价值最大化。

利润最大化和每股盈余最大化观点认为，利润代表了企业新创造的财富，利润越多，就说明企业的财富增加得越多，越接近企业的目标。每股盈余最大化观点实际上是利润最大化观点的一种转化形式，即把利润与投入的资本联系起来，并且只适用于股份制企业。反对这两种观点的人认为，利润最大化与每股盈余最大化观点有两个缺点。一是没有考虑利润的实现时间，没有考虑资金的时间价值；二是没有考虑企业获取利润所承担的风险，会导致企业经营者不顾风险大小追求短期利润的最大化，影响企业的健康发展，损害企业所有者的根本利益。

企业价值最大化或股东财富最大化观点认为：股东创立企业的目的在于

扩大财富，他们是企业的所有者，因此企业价值最大化就是股东财富最大化。企业的价值在于它能给所有者带来未来报酬，包括获得股利和出售其股权获取现金。企业的价值只有投入市场才能通过价格表现出来。因此，有学者指出，企业价值最大化或股东财富最大化观点体现了资金时间价值并考虑了风险因素，是企业财务管理目标的合理选择。20世纪80年代中后期，在美国，由于敌意收购及其对企业利益相关者所带来的消极影响，股东利益最大化受到了挑战，许多主张股东利益最大化理论的经济学家和法学家纷纷改变自己的立场转向利益相关者的观点。与此对应，出现了利益相关者价值最大化的观点。

2.财务管理的原则

财务管理的原则是企业组织财务活动、处理财务关系的准则。企业财务管理应当以建设中国特色社会主义的理论体系为指导，讲究生财、聚财、用财之道。

（1）资金合理配置原则。所谓资金合理配置，就是要通过资金运动的组织和调节来保证各项物质资源具有最优化的结构比例关系。在财务管理工作中，要把企业资金合理地配置在生产经营的各个阶段，并保证各项资金能顺畅运动。

（2）收支积极平衡原则。资金收支不仅要在一定期间总量上求得平衡，而且要在每一时点上协调平衡。资金收支的平衡取决于购、产、销活动的平衡，它能对各项生产经营活动产生积极的影响。在财务管理中要利用开源节流、资金融通等各种积极的办法实现收支平衡。

（3）成本效益原则。所谓成本效益原则就是要对经济活动中的费用与所得进行分析比较，对经济行为的得失进行衡量，使成本与收益得到最优的结合，以求获得最多的盈利。企业一切经济财务活动都要发生资金耗费和资金收入，企业对每一项具体的经济财务活动，都要分析研究其成本与收益，求得资金增值。

（4）收益风险均衡原则。所谓收益风险均衡原则，是指对每项财务活动都要分析其收益性和安全性，使企业可能承担的风险与可能获得的收益相适应，据以作出决策。在市场经济条件下，风险与收益同在，风险要得到补偿是财务管理处理风险问题的依据。在财务管理工作中，企业要正确估量和权衡各种经济活动的收益和风险。

（5）利益关系协调原则。所谓利益关系协调原则，就是利用经济手段协调投资者债权人、政府相关部门、购销客户、经营者、劳动者和企业内部各单位的经济利益关系，维护各方的合法权益。协调各方利益关系，是实现财务管理目标不可或缺的条件。

3. 财务管理的内容

财务管理的内容十分广泛，主要表现在以下五个方面。

（1）合理筹集资金，及时满足需要。这需要考虑筹资时间、筹资渠道、筹资方式、资金成本与资金结构。

（2）统一规划长期投资合理配置企业资源，确定企业资产结构，保持合理比例。

（3）加强日常资金管理，提高资金使用效率。这需要保持资金收支平衡，及时处理闲置资金，加强存货和应收账款管理，提高生产效率，节约开支。

（4）合理分配收益，协调财务关系。各种财务关系的处理要兼顾，不能损害其他主体利益。

（5）进行财务监督，维护财经纪律。必须严格遵守和执行国家财经法规和制度，制定企业财务制度，规定开支标准，对收支加强审核。

（三）财务管理的职能

任何事物都有一定的职能（功能），其中，由事物本身的特征所决定的固有职能即基本职能。此外，随着事物的发展，人们为了更有效地实现预期目标，要求事物的基本职能得到最有效的发挥。这样，该事物的基本职能就会派生出一些新的职能。就财务管理而言，财务管理的基本职能是组织，这是由财务管理的对象和内容所决定的。随着社会经济关系的日益复杂，组织企业的财务活动也变得更加复杂，仅仅依靠传统的组织职能已不能满足需要。因此，一系列新的财务管理职能陆续从财务管理的组织职能中派生出来，主要有财务预测、财务决策、财务计划、财务组织、财务控制以及财务分析、财务评价与财务考核。

1. 财务预测

财务预测，就是在认识财务活动的过去和现状的基础上，发现财务活动的客观规律，并据此推断财务活动的未来状况和发展趋势。财务活动是企业各项具体活动的综合反映，财务预测是一项综合性的预测工作，涉及面较广。因此，财务预测不能脱离企业的各项业务预测。然而，正如财务活动不是各项具体业务活动的简单组合而是它们的综合一样，财务预测也绝非各项业务预测结果的简单拼凑，而是根据业务活动对资金活动的作用与反作用关系，将业务预测结果进行合乎逻辑的综合。

2. 财务决策

决策，简单地说，就是对未来活动安排的方案选择。决策的成功与否从根本上决定了活动的成败。财务管理效果的优劣，在很大程度上取决于财务决策的成败。决策建立在预测的基础之上。根据财务预测的结果，运用一定的决策方法，在若干个备选方案中选取一个最优的财务活动方案，就是财务决策。做好财务决策工作，发挥财务管理的决策职能，除了有赖于财务管理的预测职能，需要以财务预测资料为基本依据外，还应该妥善处理以下几个问题。

（1）财务决策的组织问题。现代企业财务决策往往涉及多个方面，且具有较大的不确定性。所以，财务决策除了根据各种可以确切掌握的客观资料做出客观判断外，还需要决策者做出主观判断。主观判断则会受决策者个人的价值取向及知识、经验等个人素质的影响。只有较低层次、比较简单的财务决策问题，才可以由个人决策。较高层次的财务决策问题，应尽可能由集体进行决策。

（2）财务决策的程序问题。财务决策不同于一般业务决策，具有很强的综合性。所以，财务决策不能仅由专职的财务管理人员一次完成，而应该更多地深入基层，了解企业生产经营的各种具体情况，并尽可能吸收业务部门的有关人员参与财务决策。同时，财务决策应与各项业务决策协调，故需要对决策结果进行调整。

（3）财务决策的方法。财务决策既需要定量权衡，也需要定性分析。财务决策具体方法的选择，应以财务决策的内容为前提，同时要考虑掌握资料的性质及数量等具体情况。

3. 财务计划

财务决策所解决的问题仅仅是财务活动方案的选择。财务决策正确与否，对于财务目标的实现固然十分关键，但是，它还不是保证财务目标实现的全部条件。为了保证实现既定的财务目标，企业的财务活动应该按照一定的财务计划组织实施。如果完成了财务计划，也就实现了财务目标。因此，当通过财务决策选定了财务活动方案之后，就应该编制财务计划。正确地编制财务计划，可以提高财务管理的预见性，也可以方便企业及各部门、各层次制定具体的财务目标。从内容上来说，财务计划主要包括资金使用计划、资金筹集计划、费用成本计划、利润及利润分配计划等。

4. 财务组织

财务管理的组织职能是财务管理的基本职能。从根本上说，财务管理就是组织好企业的财务活动。即便预测、决策、计划等已从组织职能中分离出来，成了独立的财务管理职能，组织职能仍然是财务管理职能的核心内容。因此在财务预测、决策并编制财务计划之后，怎样按照财务计划的要求具体组织实施，就变得特别重要了。财务管理组织职能的主要作用，就是按照财务计划的要求，充分利用企业现有的各种资源开展财务活动。简单地说，财务组织就是财务计划的实施。组织好财务活动，必须以建立适当的财务管理组织结构和组织体制为前提。

5. 财务控制

在财务计划组织实施的过程中，由于主观、客观两方面的原因，财务活动的实际进展与计划要求会发生差异。对于这种差异，如果不加以控制，财务计划的最终完成就不能保证。所谓财务管理的控制职能，广义地说，包括事前控制（预测）、事中控制和事后控制（分析）三个方面；狭义地说，就是指事中控制。这里，我们采用的是狭义的概念。从这一意义上讲，财务控制就是在实施财务计划、组织财务活动的过程中，根据反馈信息（主要是会计信息和金融市场信息）及时判断财务活动的进展情况，与财务计划要求相对照，发现差异，并根据具体原因及时采取措施，保证财务活动按计划进行。显然，建立科学、灵敏的财务信息反馈系统和严格的财务控制制度，具有极其重要的意义。

6.财务分析、财务评价与财务考核

财务分析是事后的财务控制。财务分析的基本目的是说明财务活动实际结果，并与财务计划或历史实绩等进行比较，分析差异及其产生的原因，从而为编制下期财务计划和以后的财务管理提供一定的参考。财务分析的基本手段是比较分析和比率分析。通过比较分析，能发现差异（有利的或不利的）；通过比率分析，能进一步发现差异产生的原因主要存在于哪些方面。当然，要想知道各种具体因素对财务活动结果的影响程度，则须运用因素分析等具体方法。

财务评价是以财务分析为基础的，是财务分析的继续。财务评价的基本目的是说明企业财务绩效的优劣及其程度。所以，财务评价的基本依据应该是财务计划或企业历史实绩、同行业平均先进水平等。具体选择何者作为依据，则应视评价的具体目的而定。

财务考核，虽然与财务分析、财务评价有密切联系，但其基本目的是贯彻责任与利益统一的原则。所以，财务考核，就是对一定责任单位（部门或个人）的财务责任完成情况进行考查和核定。财务考核的基本作用主要在于强化各责任单位的财务责任感，从而促进各责任单位更好地完成所承担的财务责任。

二、人力资源管理

（一）人力资源管理的内涵与特征

人力资源管理就是组织为了实现其目标而获取、配置、开发和使用人力资源的各项活动。

人力资源管理具有以下特征。

1.系统性

人力资源管理属于组织整个管理系统的职能，而非组织中单一的模块职能，它融合于组织所有管理体系中，依托全体管理者共同完成。人力资源管理第一责任人是整个组织管理系统最高控制者，只有他才能调动整个组织系统，履行最高人力资源管理职能。

2. 时代性

人力资源具有时代性，正所谓"时势造英雄"。农业经济崇尚体力英雄，而在现代工业经济乃至知识经济时代，人力资源管理与开发对人们的心智提出了更高的要求，学习能力和创新能力成为人的核心能力。同时，保持良好的心态，紧跟时代发展也是人力资源管理心智模式中必不可缺的要素。

3. 联动性

经济的发展离不开两类资源，一类是物质资源，另一类是人力资源。在生产要素中，资本、技术、信息等固然重要，但只有人才能将上述要素结合起来转化为生产力，而且人是这些要素的最终来源或利用者。因此，对人的有效管理成为企业成功经营的前提条件，现代企业管理更加注重以人为本的管理，更加重视发挥人的主动精神，激发人的积极性、创造性，不断挖掘人的潜在能力。一旦在人的因素上出了差错，其他任何生产资料效用的有效发挥将成为空谈。

4. 二重性

管理本身具有科学和艺术二重性，它既强调理论，又强调实践。人力资源管理沿袭了这一特征。由于对人的管理比对物的管理更灵活，更讲究因时制宜、因地制宜，其艺术性和实践性特征更突出。

5. 文化亲缘性

人力资源管理的重点是人。人的思想、感情深深地影响着人的行动，而人的思想是受到文化传统制约的。文化是人类全部物质与精神文明的结晶，是人类的价值模式、审美情趣、生活习俗等。文化有地域性、历史性等重要特征，不同的地区、不同的历史背景的文化的差异是非常大的，文化在最深层面上支配和影响人的行为，所以以人为对象的人力资源管理最具文化亲缘性。如果不顾民族文化特点，盲目地照搬其他国家的经验，只会适得其反。

6. 创新性

人力资源管理的发展历程是一个不断趋向科学性和艺术性的过程，它的理论基础在不断完善，它的管理技术和方法在不断创新；人力资源管理的实践经历了雇员管理、人事管理、人本型人力资源管理和战略型人力资源管理等阶段。其科学基础经历了从单一的经济学到心理学和管理学的演变和融合的过程，这些都充分体现出人力资源管理是一个不断创新的过程。

（二）中小企业人力资源管理的基本内容

1. 工作分析

工作分析是指对组织中的各个工作岗位进行考察和分析，确定它们的职责任务、工作环境、任职人员的资格要求和享有的权利，以及相应的教育与培训等，最后制成工作说明书。

2. 人力资源规划

人力资源规划是根据组织的发展战略和经营计划，评估组织的人力资源现状及发展趋势，收集和分析人力资源供求信息和资料，预测人力资源供求的发展趋势，制订人力资源使用、培训与发展规划。

3. 招聘和选择人员

招聘是通过制订招聘计划、选择招聘方式等吸引足够数量的人申请到企业工作的过程；选择是企业从申请人中录取最适合企业及其招聘岗位的人的过程。

4. 员工培训与管理

员工培训与管理主要是通过各种形式的培训，提高员工技能，丰富其知识，增强企业凝聚力，帮助员工设计职业生涯发展计划及制订个人发展计划，以提高员工素质，使之与企业的发展目标相协调。

5. 绩效考评

绩效考评就是对照工作说明书对员工的工作做出评价。这种评价涉及员工的工作态度、工作能力、工作成果等，应定期进行，并与奖惩挂钩。

6. 薪酬和福利

制定公平合理且具激励性的薪酬制度。从员工的资历、职级、岗位及实际表现和工作业绩等方面考虑，制定相应的、具有吸引力的工资报酬标准和制度，安排养老保险、医疗保险、节假日等福利项目，使企业在保持一定人力成本的基础上，能够吸引优秀员工加入，并保持稳定性。

7. 劳动关系

劳动关系是企业在劳动法律法规指导和调整下形成的一种权利义务关系。只有拥有和谐的、发展的劳动关系，才能使企业得到稳步、快速的发展。

（三）中小企业人力资源管理的功能

人力资源管理包括获取、整合、奖酬、调控、开发五项基本职能，这些职能相辅相成，彼此互动，共同构成了人力资源管理系统。

1. 获取

获取主要包括人力资源规划、招聘与录用。为了实现组织的战略目标，人力资源管理部门要根据组织结构确定职务说明书与员工素质要求，制订与组织目标相适应的人力资源需求与计划，并根据人力资源的供需计划，开展招聘、考核、选拔、录用与配置工作。只有首先获取了所需的人力资源，才能对之进行管理。

2. 整合

整合是指员工之间和睦相处、协调共事、取得群体认同的过程，是员工与组织间的个人认知与组织理念、个人行为与组织规范的同化过程。现代人力资源管理强调个人在组织中的发展，个人的发展势必会引发个人与个人、个人与组织之间的冲突，产生一系列问题。其主要内容有以下几点：①组织同化，即个人价值观趋同于组织理念、个人行为服从于组织规范，使员工认同组织并产生归属感；②群体中人际关系的和谐，组织中人与组织的沟通；③矛盾冲突的调解与化解。

3. 奖酬

奖酬是指因为员工对组织所作贡献而给予其奖励、报酬的过程，是人力资源管理的激励与凝聚职能，也是人力资源管理的核心。其主要内容为：根据员工工作绩效评价结果，公平地向员工提供合理的、与他们各自的贡献相称的工资、奖金和福利。设置这项基本功能的根本目的在于增强员工的满意感，提高其劳动积极性和劳动生产率，提高组织的绩效。

4. 调控

调控是指对员工实施合理、公平的动态管理的过程，是人力资源管理中的控制与调整职能。它包括以下内容：①科学、合理的员工绩效考评与素质评估；②以考绩和评估结果为依据，对员工使用动态管理，如晋升、调动、奖惩、离退、解雇等。

5. 开发

开发是人力资源管理的重要职能。广义上的人力资源开发包括人力资源数量与质量的开发。人力资源数量开发的宏观政策有人口政策的调整、人口的迁移等。对于中小企业而言，人力资源数量的开发是指招聘与保留。一般意义上，人力资源开发指质量方面的开发，即通过员工培训、职业生涯设计以及有效的激励等来提高人力资源的价值。

三、市场营销管理

（一）市场营销管理的概念

市场营销管理（也称为营销管理）是指企业为实现其目标，创造、建立并保持与目标市场之间的互利交换关系而进行分析、计划、执行与控制的过程。市场营销管理的基本任务就是为达到企业目标，通过营销调研、计划、执行与控制，来管理目标市场的需求水平、时机和构成。换言之，营销管理的实质是需求管理。在营销计划与执行中，管理者必须针对目标市场、市场定位产品开发、定价、分销渠道、信息沟通与促销做出系统决策，以保证营销管理任务的实现。企业市场营销管理的任务会随着目标市场的不同需求状况而有所不同。企业通常都会对目标市场设定一个预期交易水平，即"预期的需求水平"。然而，期望往往与现实不一致，实际需求水平可能低于或高于期望值。营销者必须善于应付各种不同的需求状况，调整相应的营销管理任务。

（二）市场营销管理的过程

中小企业的市场营销管理，有其特殊性和必要性，任何一个过程和环节都不能轻视，也不能等待，以免错过最佳时机。

1. 市场机会分析

发现和评价市场机会是企业市场营销人员的主要任务，也是中小企业市场营销管理过程的第一步。所谓市场机会就是市场上存在的未满足的需求。现代社会中,由于市场需要不断变化,任何产品都有其市场生命周期,中小企业不可能使其自身的老产品永久占领市场。因此,每一个企业都必须不断去寻找、发现或识别新的市场机会。企业要得到一个市场机会首先必须对市场机会进行分析。

(1)市场机会分类。现代企业的市场营销活动是以满足消费者需求为中心目标的。市场机会是指市场上存在的尚未满足或尚未完全满足的需求,它有不同的类型区分。企业在寻找和识别市场机会时首先必须分清不同类型的市场机会,在此基础上,选出最佳的可以利用的市场机会。环境机会与企业机会、社会政治经济、思想文化等的不同,需求也会发生变化。客观上,市场上存在着许多未完全满足的需要,即存在许多市场机会,这些市场机会是环境变化客观形成的,因此人们把这种市场机会称为环境机会。例如,人口构成的变化引起了产品需求结构的变化;人们保健意识的增强,带来了更多的保健系列产品需求增长的市场机会等,这些都是环境机会。这种环境机会对不同的企业来说,不一定都是最佳机会,因为这些机会不一定都符合企业的目标和资源条件。只有企业具备某些必要的利用这些机会的条件,这种环境机会才可能转变为一种企业机会。因此,这里所说的企业机会是指企业根据自身资源条件可能利用的环境机会。

客观存在的环境机会对某些企业来说是一种可以利用的机会,对某些企业则可能是威胁。因此,在市场机会分析中,从企业的角度来说,就是要从环境机会中选择合适的企业机会,并对其进行评价,采取适当策略,获得利益。

(2)寻找和识别市场机会。由于多种类型的市场机会的存在,对企业来说,采取正确的方法来寻找和识别最佳市场机会是非常重要的。那么,如何寻找和识别最佳市场机会呢?第一,广泛收集资料;第二,采用分析工具来发现和识别市场机会;第三,聘用专业人员进行市场机会分析;第四,建立完善的市场信息系统和进行经常性的市场调研。

2.选择目标市场

企业要在当今激烈的市场竞争中取胜,必须以消费者为中心。任何产品市场都有许多消费群体，他们各有不同的需要，分散于不同地区，任何企业都不可能很好地满足所有的消费群体的不同需要。因此，市场营销人员在发现和选择了有吸引力的市场机会后，还要按照一定的标准对市场进行细分；在市场细分的基础上根据企业自身的任务、目标、资源及特长等，权衡利弊，选择对本企业最有吸引力的细分市场作为自己为之服务的目标市场进行目标营销，进一步确定自己在市场上的竞争地位，搞好产品的市场定位。

3. 设计市场营销组合

市场营销组合是指企业针对目标市场的需要，对自己可以控制的各种营销因素进行优化组合和综合运用，使之相互之间协调配合，扬长避短，发挥优势，以便更好地实现企业营销目标。例如，地点因素包括分销渠道范围场所、商品储存运输等，促销因素包括广告、人员推销、营销推广、公共关系等。

市场营销组合是一个企业本身可以控制的多种不同因素搭配、组合的过程。即在市场营销组合中，企业不仅要进行各类因素的优化组合，还要进行各类因素内部的优化组合，从而实现多种营销因素的最佳搭配。

市场营销组合是一个主动的动态活动过程。上述两大类因素也称为"可控因素"，企业可以根据目标市场的需要，来决定自己的产品结构、确定定价目标和价格策略，选择分销渠道和促销手段等。企业的这种活动过程要受到自身目标和资源的制约，同时要受到各种外部市场环境因素的影响和控制，而每一个因素都是不断变化的，因此企业营销的主要任务之一就是不断调整营销组合，使之与外部的不可控的市场环境因素相适应。在现代社会条件下，企业应是一个开放的组织系统，企业的一切活动不可能封闭在自身内部，而应不断与外部环境进行信息的沟通与交换。因此，企业的营销活动不仅是一个被动的对外因素的适应过程，而且是一个可以影响外部环境向着有利于企业的方向发展的主动过程。

4. 市场营销活动管理

市场营销活动管理是市场营销管理的最后一个步骤。企业要想在已选定的目标市场成功地实现其设计的市场营销组合，必须进行市场营销资源的组织以及市场营销计划的执行和控制。市场营销微观环境对企业营销活动的影响，主要体现在企业的具体对外业务往来过程中，企业本身、供应者、营销中介、目标顾客、竞争者、公众是市场营销微观环境的主要构成要素。每个企业的基本目标都是在盈利前提下为其所选定的目标顾客服务，满足目标市场的特定要求。要实现这一目标，企业要同许多供应者和营销中介联系起来，才能接近目标顾客。供应者—企业—营销中介—顾客形成企业的基本营销系统。

四、信息管理

（一）信息管理的概念与内涵

所谓企业信息管理是指为企业的经营、战略、管理、生产等服务而进行的有关信息的收集、加工、处理、传递、储存、交换、检索、利用、反馈等活动的总称。

企业信息管理是企业管理者为了实现企业目标，对企业信息和企业信息活动进行管理的过程。它是企业以先进的信息技术为手段，对信息进行采集、整理、加工、传播、存储和利用的过程，对企业的信息活动过程进行战略规划，对信息活动中的要素进行计划、组织、领导、控制的决策过程，力求资源有效配置、共享管理、协调运行，以最少的耗费创造最大的效益。企业信息管理是信息管理的一种形式，把信息作为待开发的资源，把信息和信息的活动作为企业的财富和核心。

在企业信息管理中，信息和信息活动是企业信息管理的主要对象。企业所有活动的情况都要转变成信息，以信息流的形式在企业信息系统中运行，以便实现信息传播、存储、共享、创新和利用。此外，传统管理中企业的信息流、物质流、资金流、价值流等也要转变成各种信息流并入信息管理。企业信息管理必须遵循信息活动的固有规律，并建立相应的管理方法和管理制度，只有这样，企业才能完成各项管理职能。

企业信息管理过程又是一个信息采集、整理、传播、存储、共享、创新和利用的过程。信息活动的管理过程和管理意图力求创新，通过不断产生和挖掘管理信息或产品信息来反映企业活动的变化，不断满足信息管理者依靠信息进行学习、创新和决策的迫切需要。

（二）企业信息管理的基本任务

企业信息管理的基本任务包括：有效组织企业现有信息资源，围绕企业战略、经营、管理、生产等开展信息处理工作，为企业各层次提供所需的信息；不断收集最新的经济信息，提高信息产品和信息服务的质量，努力提高信息工作中的系统性、时效性、科学性，积极创造条件，实现信息管理的计算机化。

（三）企业信息管理的内容

企业信息管理内容包括：企业信息化建设、企业信息开放与保护、企业信息开发与利用。

（1）企业信息化建设，是企业实现信息管理的必要条件。大致任务包括计算机网络基础设施建设（企业计算机设备的普及、企业内部网 Intranet 和企业外部网 Extranet 的建立与互联网的连接等）；生产制造管理系统的信息化（计算机辅助设计 CAD、计算机辅助制造 CAM 等的运用）；企业内部管理业务的信息化（管理信息系统 MIS、决策支持系统 DSS、企业资源计划管理 ERP、客户关系管理 CRM、供应链管理 SCM、知识管理 KM 等）；企业信息化资源的开发与利用（企业内外信息资源的利用、企业信息化人才队伍培训、企业信息化标准、规范及规章制度的建立）；企业信息资源建设（包括信息技术资源的开发、信息内容资源的开发等）。

（2）企业信息开放与保护。信息开放有两层含义，即信息公开和信息共享。信息公开包括向上级主管公开信息、向监督部门公开信息、向社会公开信息、向上下游企业公开信息和向消费者公开信息、向投资者公开信息等。企业信息按照一定的使用权限在企业内部部门之间、员工之间和合作伙伴之间进行资源共享。企业信息保护的手段很多，如专利保护、商标保护、知识产权保护、合同保护、公平竞争保护等。

（3）企业信息的开发与利用。从信息资源类型出发，企业信息资源有记录型信息资源、实物型信息资源和智力型信息资源之分。智力型信息资源是一类存储在人脑中的信息、知识和经验，这类信息需要人们不断开发并加以利用。企业信息开发与利用的内容，包括市场信息、科技信息、生产信息、销售信息、政策信息、金融信息和法律信息等。

五、质量管理

质量管理是以质量管理体系为载体,通过建立质量方针和质量目标,并为达到规定的目标进行质量策划,实施质量控制和质量保证,开展质量改进等活动以实现的,包括制定质量方针和质量目标及质量策划、质量控制、质量保证和质量改进。

(一)质量方针

质量方针是指由企业的最高管理者正式发布的该企业总的质量宗旨和质量方向。质量方针是企业经营总方针的组成部分,是企业管理对质量的指导思想和承诺。质量方针的基本要求应包括供方的企业目标与顾客的期望和需求,这也是供方质量行为的准则。

(二)质量目标

质量目标是企业在质量方面所追求的企业质量方针的具体体现。目标既要先进,又要可行,以便实施和检查。通常对企业的相关职能和层次分别规定质量目标。

(三)质量策划

质量策划致力于制定质量目标,规定必要的运行过程和相关资源,以实现质量目标。它的关键是制定质量目标并设法使其实现。

(四)质量控制

质量控制致力于满足质量要求,质量控制适用于对企业任何质量的控制,除生产外,还包括设计、原料采购、服务、营销、人力资源配置等,目的在于保证质量满足要求,为此要解决要求或标准是什么、如何实现、需要对哪些进行控制等问题。质量控制是一个设定标准、根据质量要求测量结果、判断是否达到预期要求,对质量问题采取措施进行补救并防止再发生的过程。总之,质量控制是确保生产出来的产品满足要求的过程。

(五)质量保证

质量保证致力于提供质量要求会得到满足的信任。这里指对达到预期质量要求的能力提供足够的可信度。保证质量满足要求是质量保证的基础和前提，质量体系的建立和运行是提供信任的重要手段。企业规定的质量要求包括产品的过程和体系的要求必须完全反映顾客的需求，这样才能使顾客给企业足够的信任。质量保证分为内部和外部保证两种，内部质量保证是企业向自己的管理者提供可信度，外部质量保证是企业向顾客或其他相关方提供可信度。

（六）质量改进

质量改进的目的是增强满足质量要求的能力。由于要求是多方面的，质量改进的对象可能会涉及企业的质量管理体系、过程和产品等方面，同时由于各方面的要求不同，为确保有效性、效率或可追溯性，企业应注意识别须改进的项目和关键质量要求，考虑所需的过程，以增强企业体系或过程实现产品满足要求的能力。

第二章　大数据与中小企业管理创新

第一节　大数据概述

一、大数据的概念

大数据是信息化社会发展的热点话题，应该说大数据的概念已经深入人心。目前常见的是从数据规模、技术方法以及应用价值三个视角来认识大数据。从数据规模视角看，一般认为 PB 以上的数据才称为大数据；从技术方法视角看，传统数据库技术与方法无法处理的海量或非结构化的数据集，称为大数据；从应用价值视角看，大数据是基于多源异构、跨域关联的海量数据分析所产生的决策流程、商业模式、科学范式、生活方式和观念形态上的颠覆性变化的总和。

综合上述三种观点，可以看出，大数据是具有体量大、结构多样、时效性强等特征的海量数据，处理大数据须采用新型计算架构和智能算法等新技术，大数据中隐藏着有价值的信息和知识，通过对大数据的分析与挖掘，可以发现新的知识与洞察，并进行科学决策。

二、大数据的特征

全球数据量出现爆炸式增长，数据成了当今社会增长最快的资源之一，几乎人们生活的一切都可以用数据来描述，无论是在现实社会中的地理位置数据，还是网络空间中的浏览痕迹，都可以被量化、被记录和被数据化。大数据主要来自互联网世界和物理世界，互联网的大数据主要是基于 Web2.0 网站建立的社交网络服务（Social Network Service, SNS），个人在自媒体时代从信息的受众变成了信息的发布者，这些网络空间中的言论、评论、朋友关系、页面访问等数据都成为大数据的组成部分。物理世界的大数据同智慧城市、物联网、移动互联网等终端的不断延伸同步发展，使越来越多的数据被汇集起来。一方面是网络世界的现实化；另一方面又伴随着现实世界的数字化，通过"量化"这一核心步骤的整合，人们的虚拟世界和现实世界生活不断交织，不断催生数据量的膨胀。因此，对于大数据的特征，学界基本达成以下四个共识：数据规模大（Volume），数据种类多（Variety），数据处理速度快（Velocity），数据价值密度低（Value），即所谓的"4V"特性。

（一）数据规模大

数据规模大是大数据和传统数据最显著的区别，它不仅指数据需要的存储空间大，也指数据的计算量大。大数据的数据量通常可以达到 PB 级以上，而一般数据的数据量在 TB 级。产生这么巨大的数据量有多方面的原因：一是技术的发展导致人们会使用各种各样的设备，这使人们能够了解到更多的事物，这些数据都可以保存；二是各种通信工具的使用使人们能够随时保持联系，这就使人们交流的数据量快速增长；三是由于集成电路价格低廉，让许多设备都有智能的成分。

数据量的大小间接体现了大数据技术处理数据的能力。数据的基本单位是字节（byte）。对于传统企业来说，数据量一般在 TB 级，而对于一些大型企业，如百度、谷歌、新浪微博及淘宝等，它们的数据量则达到了 PB 级。目前的大数据技术处理的数量级一般在 PB 级以上。

（二）数据种类多

大数据拥有多种多样的数据类型，既可以是单一的文本形式或者结构化的表单，也可以是半结构化的数据或者非结构化的数据，如视频、图像、语音、网络日志、地理位置信息、订单等。

结构化的数据便于人和计算机对事物进行存储处理和查询。在结构化的过程中，直接抽取了有价值的信息，对新增数据可以用固定的技术进行处理。非结构化的数据没有统一的结构属性，导致其在保存数据时还需要保存数据的结构，这就加大了对数据进行存储和处理的困难。随着数据量的迅猛增长，新的数据类型越来越多，传统的数据处理已经越来越不能满足需求。

（三）数据处理速度快

大数据的增长速度极快，几乎是爆发性增长，所以对数据存储和处理速度的要求也极高。面对海量的数据，对其进行实时分析并获取有价值的信息，与传统的数据分析处理有着显著的区别。在数据处理速度快的条件下，还要综合考虑数据处理的及时性和实时性。数据不是静止的，而是不断流动的，并且数据的价值随着时间的流逝不断下降，这就要求数据处理的及时性。在现在的应用中，大数据往往以数据流的方式产生，并且快速流动、消失，数据不稳定，这对数据处理的实时性有着高要求。

（四）数据价值密度低

大数据还具有低密度的特征。在海量的数据中，有价值的信息只有一部分。换句话说，数据量呈指数增长的同时，隐藏在海量数据中的有用信息并没有同样增长。如何将这些有价值的信息准确地挖掘出来是目前亟须解决的问题。

三、大数据的价值

在大数据时代，无论是个人、企业还是政府，都面临着如何管理和利用信息的难题。与此同时，随着数据数量的汇集，数据的管理和分析工作变得格外重要。数据的价值正在成为企业成长的重要动力，它不仅提供了更多的商业机会，也是企业运营情况及财务状况的重要分析依据。

在实际运用中，需要认清数据到底能够产生什么价值。有时候，同一组数据可能会在不同场合产生完全不一样的价值；有时候，单一的数据没有什么特别的价值，需要组合起来才能产生价值。那么，数据的价值主要体现在哪里呢？下面介绍大数据的三大价值。

（一）描述价值

在通常情况下，描述数据以一种标签的形式存在，是初步加工过的一些数据，这也是数据从业者在日常生活中做得最基础的工作。例如，一家公司一年的营业收入、利润、净资产等数据都是描述性的数据。在电商平台类企业日常经营的状况下，描述业务的数据包括交易额、成交用户数、网站的流量、成交的卖家数等，相关人员可以通过数据对业务的描述来观察交易活动是否正常。

描述数据对具体的业务人员来说，能帮助其更好地了解业务发展的状况，让他们对日常业务有更加清楚的认知；对于管理层来说，经常关注业务数据也能够让其对企业发展有更好的预判，以作出正确的决策。

用来描述数据价值最好的一种方式就是分析数据的框架，在复杂的数据中提炼出核心点，让使用者能够在极短的时间看到企业的经营状况，同样，又能够让使用者看到更多的细节数据。分析数据的框架是对一个数据分析师的基本要求——基于对数据的理解，对数据进行分类和有逻辑的展示。通常，优秀的数据分析师都具备非常好的数据框架分析能力。

（二）时间价值

如果你不是第一次在某一购物网上买东西，那么你曾经的历史购买行为就会呈现出时间价值。这些数据不仅是在描述之前买过的物品，还会呈现出在这一段时间轴上你曾经买过什么，以便让网站对你将要买什么作出最佳预测。

在考虑了时间的维度以后，数据能够产生更大的价值。对于时间的分析，在数据分析中是一个非常重要，但往往也是比较有难度的部分。大数据一个非常重要的作用就是，可以基于大量历史数据进行分析，而时间则是代表历史的一个必然维度。数据的时间价值是大数据运用最为直接的一个体现，通过对时间的分析，企业可以很好地归纳出一个用户对于一种场景的偏好。知道了用户的偏好，企业对用户做出的商品推荐也就能够更加精准。

（三）预测价值

数据的预测价值主要分为两部分。第一部分是对于某一个单品进行预测。例如，在电子商务中，凡是能够产生数据，能够用于推荐的，就都会产生预测价值。第二部分是数据对于经营情况的预测，即对公司的整体经营进行的预测，可以使用预测的结论指导公司的经营策略。在现在的电商中，无线是一个重要的部门，对于新的无线业务来说，其核心指标之一就是每天的活跃用户数，而且这个指标也是对无线团队进行考核的重要依据。作为无线团队的负责人，要想判断现在的经营状况和目标之间存在着多大的差距，就需要对数据进行预测。通过预测，将活跃用户分成新增和留存两个指标，进而分析他们对目标的贡献度分别是多少，并分别对两个指标制定出相应的产品策略，然后分解目标，进行日常监控。这种类型的数据能够对公司整体的经营策略产生非常大的影响。

四、大数据的技术框架

大数据尝试通过一定的分布式技术手段，从海量数据中挖掘出有价值的信息，最终提供给用户，进而产生实用价值和商业价值。由于数据本身的多样性以及数据分析需求的多元化，大数据技术体系非常复杂，涉及的组件和模块众多，为了便于读者从顶层框架上对大数据有一个清楚的认识，下面概括介绍大数据技术框架。

在互联网领域，数据无处不在。从数据在信息系统中的生命周期看，大数据从数据源开始，经过分析、挖掘到最终获得价值一般需要经过六个主要环节，包括数据收集、数据存储、资源管理与服务协调、计算引擎、数据分析、数据可视化，技术体系如图2-1所示。每个环节都面临不同程度的技术挑战。

（一）数据收集层

数据收集层由直接跟数据源对接的模块构成，负责将数据源中的数据近实时或实时收集到一起。数据源具有分布式、异构性、多样化及流式产生等特点。

（1）分布式。数据源通常分布在不同机器或设备上，并通过网络连接在一起。

（2）异构性。任何能够产生数据的系统均可以称为数据源，如Web服务器、数据库、传感器、手环、视频摄像头等。

（3）多样化。数据的格式是多种多样的，既有像用户基本信息这样的关系型数据，也有如图片、音频和视频等非关系型数据。

（4）流式产生。数据源如同"水龙头"一样，会源源不断地产生"流水"（数据），而数据收集系统应实时或近实时地将数据发送到后端，以便及时对数据进行分析。

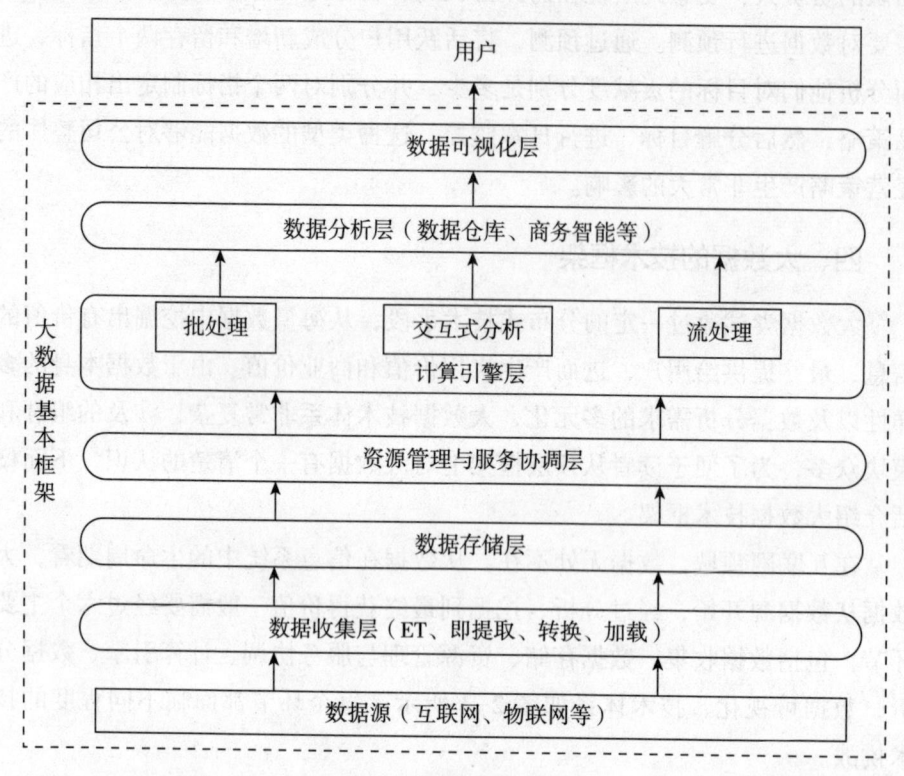

```
                        用户
    ┌─────────────────────────────────────────┐
    │              数据可视化层                │
    │                  ↑                      │
    │       数据分析层（数据仓库、商务智能等）  │
    │          ↑         ↑         ↑          │
    │      ┌──────┐  ┌────────┐  ┌──────┐    │
    │      │批处理│  │交互式分析│ │流处理│    │
    │      └──────┘  └────────┘  └──────┘    │
  大 │              计算引擎层                  │
  数 │          ↑         ↑         ↑          │
  据 │         资源管理与服务协调层             │
  基 │                  ↑                      │
  本 │              数据存储层                  │
  框 │                  ↑                      │
  架 │     数据收集层（ET、即提取、转换、加载） │
    │                  ↑                      │
    │        数据源（互联网、物联网等）        │
    └─────────────────────────────────────────┘
```

图 2-1　大数据技术体系

由于数据源具有以上特点，将分散的数据源中的数据收集到一起通常是一件十分困难的事情。一个适用于大数据领域的收集系统，一般具备以下几个特点。

（1）扩展性。能够灵活适配不同的数据源，并能接入大量数据源而不会产生系统"瓶颈"。

（2）可靠性。数据在传输过程中不能够丢失（有些应用可容忍少量数据丢失）。

（3）安全性。对于一些敏感数据，应有机制保证在数据收集过程中不会产生安全隐患。

（4）低延迟。数据源产生的数据量往往非常庞大，收集系统应该能够在较低延迟的前提下将数据传输到后端存储系统中。为了让后端获取全面的数据，以便进行关联分析和挖掘，通常我们建议将数据收集到一个中央化的存储系统中。

（二）数据存储层

数据存储层主要负责海量结构化与非结构化数据的存储。传统的关系型数据库（如 MySQL）和文件系统（如 Linux 文件系统）因在存储容量、扩展性及容错性等方面的限制，很难适应大数据应用场景。

在大数据时代，由于数据收集系统会将各类数据源不断地发到中央化存储系统中，这对数据存储层的扩展性、容错性及存储模型等有较高要求。

（1）扩展性。在实际应用中，数据量会不断增加，现有集群的存储能力将很快达到上限，此时需要增加新的机器扩充存储能力，这要求存储系统本身具备非常好的线性扩展能力。

（2）容错性。考虑到成本等因素，大数据系统最初可能构建在廉价机器上，这就要求系统本身就有良好的容错机制确保在机器出现故障时不会导致数据丢失。

（3）存储模型。由于数据具有多样性，数据存储层应支持多种数据模型，确保结构化和非结构化的数据都能够保存下来。

（三）资源管理与服务协调层

随着互联网的高速发展，各类新型应用和服务不断出现。例如，在一个公司内部，既存在运行时间较短的批处理作业，也存在运行时间很长的作业，为了防止不同应用之间相互干扰，传统做法是将每类应用单独部署到独立的服务器上。该方案简单易操作，但存在资源利用率低、运维成本高和数据共享困难等问题。为了解决这些问题，公司开始尝试将所有应用部署到一个公共的集群中，让它们共享集群的资源，并对资源进行统一使用，同时采用轻量级隔离方案对各个应用进行隔离，因此诞生了轻量级弹性资源管理平台，相比"一种应用一个集群"的模式，引入资源统一管理层可以带来众多好处。

资源利用率高。如果一种应用一个集群，往往由于应用程序数量和资源需求的不均衡，使得在某段时间内有些应用的集群资源紧张，而另外一些集群资源空闲。共享集群模式通过多种应用共享资源，使集群中的资源得到充分利用。

运维成本低。如果采用"一个应用一个集群"的模式，可能需要多个管理员管理这些集群，进而增加运维成本。共享模式通常需要少数管理员即可完成多个框架的统一管理。

数据共享。随着数据量的暴增，跨集群间的数据移动不仅需花费更长的时间，并且硬件成本也会大大增加。而共享集群模式可让多种应用共享数据和硬件资源，从而大大减小数据移动带来的成本。

在构建分布式大数据系统时，会出现很多共同的问题，包括 Leader 选举、服务命名、分布式队列、分布式锁、发布订阅功能等，为了避免重复开发这些功能，通常会构建一个统一的服务协调组件，该组件包含了开发分布式系统过程中通用的功能。

（四）计算引擎层

在实际生产环境中，针对不同的应用场景，对数据处理的要求是不同的。在有些场景下，只需要离线处理数据，对实时性要求不高，但要求系统吞吐率高，典型的应用是搜索引擎构建索引；在有些场景下，需要对数据进行实时分析，要求每条数据处理延迟尽可能低，典型的应用是广告系统及信用卡欺诈检测。为了解决不同场景下数据处理问题，起初有人尝试构建一个大的系统解决所有类型的数据计算问题，但最终以失败告终。究其原因，主要是不同类型的计算任务，追求的目标是不同的，如批处理计算追求的是高吞吐率，而实时计算追求的是低延迟。在现实系统中，系统吞吐率和处理延迟往往是矛盾的两个优化方向：系统吞吐率非常高时，数据处理延迟往往也非常高。基于此，用一个系统完美解决所有类型的计算任务是不现实的。

计算引擎发展到今天，已经朝着"小而美"的方向前进，即针对不同应用场景，单独构建一个计算引擎，每种计算引擎只专注于解决某一类问题，进而形成了多样化的计算引擎。计算引擎层是大数据技术中最活跃的一层，直到今天，仍不断有新的计算引擎被提出。总体上讲，可按照对时间性能的要求，将计算引擎分为以下三类。①

（1）批处理计算引擎。该类计算引擎对时间要求最低，一般处理时间为分钟到小时级别，甚至天级别，它追求的是高吞吐率，即单位时间内处理的数据量尽可能大，典型的应用有搜索引擎构建索引、批量数据分析等。

（2）交互式处理计算引擎。该类计算引擎对时间要求比较高，一般要求处理时间为秒级别，这类系统需要跟人进行交互，因此会提供类SQL的语言便于用户使用，典型的应用有数据查询、参数化报表生成等。

（3）实时处理计算引擎。该类计算引擎对时间要求最高，一般处理延迟在秒级以下，典型的应用有广告系统、舆情监测等。

（五）数据分析层

数据分析层直接跟用户应用程序对接，为其提供易用的数据处理工具。为了让用户分析数据更加容易，计算引擎会提供多样化的工具，包括应用程序API、类SQL查询语言、数据挖掘SDK等。在解决实际问题时，数据科学家往往需要根据应用的特点，从数据分析层选择合适的工具。大部分情况下，会结合使用多种工具。典型的使用模式是：先使用批处理框架对原始海量数据进行分析，产生较小规模的数据集，在此基础上，再使用交互式处理工具对该数据集进行快速查询，获取最终结果。

（六）数据可视化层

数据可视化技术指的是运用计算机图形学和图像处理技术，将数据转换为图形或图像在屏幕上显示出来，并进行交互处理的理论、方法和技术。它涉及计算机图形学、图像处理、计算机辅助设计、计算机视觉及人机交互技术等多个领域。

数据可视化层是直接面向用户展示结果的一层，由于该层直接对接用户，是展示大数据价值的"门户"，因此数据可视化是极具意义的。考虑到

---

① 董西成.大数据技术体系详解原理、架构与实践[M].北京：机械工业出版社，2018：6.

大数据具有容量大、结构复杂和维度多等特点，对大数据进行可视化处理是极具挑战性的。

五、大数据思维

思维方式是指人的大脑活动的内在特点，包括方式、方法、程序、角度等。思维方式的产生受到环境与时代条件的影响与制约，又进一步影响了人的行为方式。舍恩伯格将大数据思维解释为："一种认为公开的数据一旦处理得当，就能为千百万人亟须解决的问题提供答案的意识。"[①]

大数据思维的对立面是工业化思维，工业化思维是指工业化阶段产生的与当时生产方式相适应的思维方式。例如，强调标准化、规模化、规范化等。经济基础决定上层建筑，生产力水平与生产方式决定了人们的思维方式。相较农业社会的农耕思维方式，工业化思维的产生无疑是一种历史的进步，但它又无法满足当今新的生产力水平和生产方式的要求。因此，大数据思维的产生和发展也就成了必然趋势。

同时，大数据思维是伴随着人们可以收集、利用的数据极大增长而产生的新的思维方式。不同体量的数据下的思维方式分别概括为机械思维、直觉思维和数据思维。机械思维对应于小数世界。它需要大胆假设、小心求证，经过作出假设、建构模型、数据证实、优化模型、预测未来等几个步骤，具有确定性、简明性、普适性等特点。经典的力学定律等都是机械思维的代表。直觉思维对应于中数世界。它是人脑对于突然出现在面前的事物、新现象、新问题及其关系的一种迅速识别、敏锐而深入洞察的直接的本质理解和综合的整体判断，具有迅捷性、直接性、本能意识等特点。数据思维对应于大数世界。它是一种新的、客观存在的思维观，即全量取代样本、混杂取代精确、效率取代精准、相关取代因果、不确定取代确定性、概率性思维凸显。

具体说来，大数据思维具有以下特点。

（一）强调"一切皆可量化"

大数据思维是将一切形式的资料量化与数据化的思维方式。信息社会与

[①] 彭剑锋. 人力资源管理概论[M]. 3版. 上海：复旦大学出版社，2021：633.

工业社会相比，量化的对象大大增加了，颗粒度更加细微了。如今，文字、图像、声音、视频、电影都可以数据化。我们周围的一切乃至我们自己都可以用数据描述。

（二）强调"数据也是生产要素"

在农业时代，土地是最重要的生产要素；在工业时代，资本是最重要的生产要素；而在信息时代，数据已经成为新的重要生产要素。所谓生产要素，是指社会生产经营活动时所需要的各种社会资源，是维系国民经济运行及市场主体生产经营所必须具备的基本要素。走进大数据时代，应该认识到，大数据是一种生产要素。将它公布于社会，能够创造出新的生产力；将它应用于企业生产管理系统，可以创造价值，进一步提高企业生产与服务效益；将它应用于更为广泛的社会管理领域，可以创造出巨大的社会效益与经济效益。

（三）强调数据的完整性

目前，人们已经掌握了大规模数据的存储、分析和处理办法，因此，可以对全部数据进行分析，而非部分数据。大数据研究者需要将全部数据收集、存储起来，进行有目的的分析处理。此前由于信息收集和处理能力的有限，社会科学研究中往往采用抽样调查的方法，用样本的情况来预测总体的情况，这对样本的代表性提出了很高的要求。而采用全部数据进行分析无须研究者主观选择数据以及用样本预测总体情况，进一步提高了分析结果的准确性。

（四）强调数据的复杂性

小数据强调数据的精确性，大数据则强调数据的复杂性，客观世界是复杂的，只有承认客观事物的复杂性才能认清和把握世界，更深入地了解世界本源，避免因忽略了某些信息而造成认知与决策的失误。大数据的庞大规模允许研究者利用多个源头的数据相互印证一个事实。庞大的多维度数据为研究者提供了更多的分析角度，以便其更加准确地描述事物真相。

（五）强调事物的关联性

世界万物的一个基本特点就是相互之间存在某种联系，即相关性。但人们往往过于重视因果关系而忽视了相关关系。其实，相关关系是因果关系存在的必要前提，挖掘数据的相关性有利于更好地发挥数据价值。

（六）强调发展事物规律性

世间万物都有规律，有时人们感到不好把控、难以描述，往往是因为观察不够。大数据思维，重视从多方面收集信息，多角度分析数据，从而比较容易认识到隐藏在事物背后的大概率现象，即规律性。从这样的意义上讲，大数据思维能够提升人们对于事物本质的认识，有利于人们更好地认识与改造世界。

第二节 中小企业管理创新的基本理论

中小企业管理创新是对传统管理模式及相应的管理方式方法进行改造、改进和改革，它具有动态适应性、持续性、系统性、实用性、相对性、变革性等特征。中小企业为更好地参与激烈的市场竞争、为企业自身生存发展着想，必须进行管理创新，以提升管理水平，促进中小企业变大、变强，为中国经济发展作出更大的贡献。

一、中小企业管理创新的特征

（一）中小企业管理是围绕企业目标来进行的

企业管理就是为了有效地协调企业内的各种信息和资源，提高企业的工作效率，以期顺利达到企业目标。企业的根本目标是盈利，无论如何创新，都要以这个目标为根本出发点和落脚点。

（二）中小企业管理是一个动态的协调过程

中小企业管理既要协调组织内部人与人的关系，又要协调组织内部人与物的关系，更要协调企业与市场之间的关系。这些关系都不是固定的，是随时可能发生变化的。

特别是对于中小企业来说，关注和协调这些关系显得尤其重要。首先，技术是不断更新的，这是一个动态变化的过程。因为职工所掌握技术发生变动，也必然带来人际关系的变动，职工有的可能被淘汰，有的可能发生上下级关系变动。引入创新管理，正是建立一个动态的管理机制，随时根据变化及时进行协调，一改往日"以不变应万变"的落后理念。

管理创新体制更重要的是及时协调企业与市场之间的关系。因为企业自身技术的限制，技术需要一定时期的转化才能生产出产品，生产出产品之后还需要进行新产品的推广，所以产品与技术的更新速度是不一致的。因此，一旦市场对产品的需求发生变动，必须要及时反馈，以及时改进技术，适应市场需求赢得市场份额而不至于被市场淘汰。

（三）中小企业管理是一种有意识、有计划的自觉活动

管理创新的核心要求就是管理体制要具有对市场的预知力和市场洞察能力，根据对市场的洞察，制订合理的企业发展计划，改进自身的技术。市场的调节能力具有滞后性，它对于技术的反馈是偏慢的，许多技术型的中小企业因为对市场的反应偏慢，未能及时更新技术而被市场淘汰出局。

所以，管理的创新，必须能够发挥人的主观能动性，把管理变成一种有意识、有计划的自觉活动，而绝非市场的滞后鞭策。

（四）中小企业管理需要具备完善的诊断机制

创新性的管理应该具备完善的诊断机制，及时诊断在企业运行过程中的管理机制是否科学合理。这种完善的诊断机制主要包括对以下六个方面的内容。

（1）组织构架与职责。了解组织架构与权责划分的合理性，为优化工作岗位设置，减少角色混淆、职责冲突提供依据。

（2）薪酬制度。了解薪酬对员工的激励效果、内外部公平性、满意程度、期望方向，为公司薪酬水平、薪酬结构、激励重点等调整提供依据。

（3）绩效管理。发现绩效考核当前存在的问题点，为优化绩效管理提供依据。

（4）目标管理。确定目标制定与目标分解是否合理，是否能够支撑公司经营管理。

（5）员工忠诚度及原因。了解员工和管理者对企业的忠诚度，分析影响忠诚度的原因。

（6）员工对公司的认同度。了解员工和管理者对公司发展前景，考核激励机制导向，管理者管理风格、管理能力，公司文化氛围的认同程度。

二、中小企业管理创新的基本条件

（一）管理创新精神

管理创新精神主要是指管理者的管理创新意识。管理创新意识一般是指管理者的愿望、动机或意图，它是驱使管理创新个体产生管理创新行为的出发点。中小企业领导者和管理者都应有不断进取的创新精神。这是管理创新基本条件中的重要条件，它对管理创新的成功与否往往起决定作用。在当今激烈的市场竞争环境中，企业被淘汰出局是时有发生的。中小企业为企业生存、发展着想，必须使企业摆脱旧的组合方式，重新组织并实现更有利的生产方式，即完成新的组合，坚持不断地创新，一切向前看，永不满足，不断争取高成就。

（二）管理创新主体

管理创新主体是管理创新基本条件的又一个重要条件。它对管理创新成功与否起着主导作用。因此，中小企业管理创新主体（包括企业家、管理者和员工等）应具有良好的心智模式。管理创新主体应具有的心智模式主要体现在以下几点。一是远见卓识。管理创新主体对某个问题能有超越一般人的看法，能够敏锐地判断企业与管理发展的大趋势，能够在现实的问题中找到关键性的东西并能看到其背后的深层原因，能够结合本企业的特点提出一些有价值的创意。二是管理创新主体应具有较好的文化素质和价值观。三是管理创新主体应具有较强的能力结构，即应具有核心能力、必要能力和增效能力。其中，核心能力突出地表现为创新能力；必要能力包括将创新转化为实际操作方案的能力，以及从事日常管理工作的各项能力；增效能力则是控制、协调、加快进展的各项能力。

（三）基础管理条件

中小企业应具备较好的基础管理条件。现代企业中的基础管理主要指一般的最基本的管理工作，如基础数据、技术档案、统计记录、信息收集归档、工作规则、岗位职责标准等。基础管理好可以提供许多必要的准确的信息、资料、规则，其有助于管理创新的顺利进行。

（四）管理创新氛围

中小企业应营造一个良好的管理创新氛围。管理创新主体能够有创新意识，能有效发挥其创新能力，往往与良好的创新氛围有关。在良好的工作氛围下，人们思想活跃，新点子产生得多且快，而不好的环境氛围则可能导致人们思想僵化、思路堵塞，头脑空白。营造一个良好的管理创新环境氛围要做到以下几点：第一，培养员工的主人翁精神；第二，树立崇高的企业目标；第三，培养员工追求卓越的价值观；第四，恰当地处理企业集权与分权的关系问题；第五，建立宽松方便的沟通环境，这也能更好地激发员工的创新意识。

（五）管理创新目标

管理创新活动必须具有明确的创新目标。管理创新目标比一般目标更难确定，现代企业对管理创新的目标确认多半带有弹性，中小企业管理创新的终极目标应当是：形成具有当代先进水平和中国特色的企业管理模式。只有这样，管理创新才能迅速有效地帮助中小企业成为真正的市场的重要主体，在市场经济中站稳脚跟并有一个很好的发展。

第三节　大数据时代中小企业管理创新的路径

一、管理观念创新

观念是行为的指导者，观念创新是管理创新的先导，也是管理创新取得成功的基础和前提条件。管理观念是指管理者在管理活动过程中所持有的思想和判断力。由于经营和管理环境的复杂变化，陈旧落后的管理思想已难以满足当前中小企业的管理需求，甚至阻碍中小企业管理创新。中小企业要实施管理创新，首先必须进行管理观念上的创新。

(一) 经营理念创新

由于国内买方市场的形成、人工成本的上升以及市场竞争的日趋激烈，中小企业一直以来依靠低廉劳动力价格获取产品成本竞争优势的经营方式遇到"瓶颈"。随着经济的高质量发展和人民生活水平的迅速提高，市场需求越来越呈现动态化、个性化和多元化，中小企业以往单纯追求规模化生产方式的经营理念已不符合现代社会市场经济发展要求。外部商业环境的不断变化对企业的创新能力提出了更高要求，要求企业在发现市场机遇或产生新创意时，能迅速组织创新活动，及时提供满足市场需求的产品和服务。因此，市场竞争越来越表现为创新能力的竞争，企业的核心竞争力由以往的经营规模转变为企业创新能力。中小企业要改变传统只重生产、单纯追求降低生产成本提高生产效率的经营理念。在不影响日常业务运营的前提下，中小企业要增强创新意识，逐步提高企业创新能力。

在大数据技术环境下，中小企业可利用资源的范围越来越大，规模与边界已不再是衡量企业市场竞争力的重要标准；利用开放共享的大数据资源池，中小企业在增强自身创新能力时，还可以与大企业进行交互。这两方面因素在一定程度上改变了企业一味追求规模效益的外部环境，使创新成为企业的核心竞争力。在传统的企业创新模式下，创新所需的资源局限于企业内部（组织资源、知识和能力等），创新活动由精英阶层垄断控制，不能灵活应对和满足快速变化的新兴市场需求。但是，大数据技术的出现改变了这一状况，使创新成为普通大众可以广泛参与的公共活动，在很大程度上扩大了创新所需资源的可利用范围。由于大数据特有的服务模式，在研发设备方面，中小企业较以往有更多可利用的资源。大数据在将创意转化为产品的过程中具有无法比拟的优势。依靠大数据强大的计算能力和存储能力，中小企业能将创新前期的新想法或新观点，依靠各种研发设备和计算机软件，迅速落实到产品创新和研发环节中。

外部市场环境变化对企业产品和服务创新的要求，使中小企业不得不重视创新；大数据技术的出现，使中小企业具有相对独立进行创新活动的可能。在大数据技术环境下，中小企业要改变传统"重生产、轻研发"的管理理念，在降低生产成本提高生产效率的同时，增强创新意识，制定企业创新发展战略，完善企业创新机制，从制度上保证和鼓励创新，加大对创新的各项投入，引入创新型人才，努力营造有利于创新的环境和氛围，以创新来推动企业进一步发展。

（二）市场观念创新

正确的市场观念是企业进行市场开发的前提和保障。随着人们生活水平的提高，消费需求越来越呈现动态化、多样化和个性化，中小企业应准确把握市场需求的特征，依靠大数据服务的优势，抓住市场机遇，提供适销对路的产品。面对电子商务，尤其是云计算共享平台上电子商务迅速发展的趋势，数据库里会产生大量市场相关信息，中小企业要特别重视这一部分市场信息的价值，提高网络市场信息的收集、处理、分析和预测能力，依靠网络开发新的市场资源。

在大数据技术环境下，通过加强产品研发，中小企业具备将市场机遇转变为市场资源的能力。中小企业应客观评价自身在同行业、产业链以及整个社会经济中的地位，分析可利用的企业内外部资源和优势，在重新确立自身市场定位的基础上，优化原有的市场资源，并主动寻求市场机遇，开发空白市场需求，甚至可以正面与大企业展开市场资源上的竞争。总之，由于大数据的平台性和可扩展性，以及在支持中小企业创新活动方面的作用，中小企业应摒弃传统拾遗补阙的市场观念，改变原有的发展思路，重新确立市场定位，调整自身的发展战略，积极捕捉市场机遇，提高市场开发能力。

（三）传统竞争观向合作竞争观转变

传统竞争观只考虑企业自身利益，依靠自有资源进行市场竞争。它把供应商、顾客、同行竞争者、金融机构等都视为与自己对立的直接竞争者，追求所有经济利益的独享，是一种排他性的竞争。面对经济全球化以及市场竞争环境的日趋复杂，单个企业不可能同时拥有所需的所有资源，仅仅依靠自有资源已很难在竞争中长久立于不败之地，即使是大型企业也要通过各种方式与其他企业进行合作。中小企业由于规模小，在传统市场竞争中处于劣势地位。在大数据环境下，各个企业能够克服时间、地理、终端等的限制，通过建立共享平台实现企业各个职能和层次上的沟通交流和相互协作。因此，中小企业应当利用大数据技术，转变传统竞争思路，树立合作竞争观念，通过整合优势资源实现优势互补，最后达到"双赢"或"多赢"（若干个企业、消费者、金融机构等）的目的。中小企业采用合作竞争方式，既能提高自身市场竞争能力，又能进一步扩大可利用资源范围。

二、组织结构创新

（一）企业内部组织结构创新

传统单纯追求降低生产成本、提高生产效率的管理目标，科层组织以权力和等级制度为基础，控制方法自上向下，分工明确，有利于发挥专业优势，是工业化时代普遍采用的企业组织结构形式。然而，面对当前多样化的顾客需求、激烈的市场竞争和动荡多变的经济形势，当市场机遇来临时，企业必须作出果断、迅速的反应，及时开发出满足市场需求的产品。传统科层组织因层次重叠、反应迟缓、沟通困难、部门协调性差、压抑员工创新等固有的缺陷，已不适应新经济时代的要求。中小企业应利用大数据技术进行组织结构创新，使企业在面对市场机遇时能迅速调集所需资源进行产品研发和创新。大数据技术环境下，中小企业的组织变革应遵循以下几个原则。

1. 扁平化

大数据系统共享的资源池，使所有的信息处理操作都是在统一、公共的平台上进行。中小企业应当利用大数据技术的这一特性，进一步增大管理跨度，减少管理层次。组织结构是高耸型还是扁平型，还与组织结构中的权力结构特征相关。中小企业应当对企业各个岗位的责、权、利关系进行分析，适当将企业决策重心下移，以提高组织效率和应变能力。

2. 网络化

传统企业的各个部门之间基本上是割裂的，各部门之间很少沟通和交流，很难做到信息共享。在大数据技术环境下，由于拥有统一共享的资源平台，中小企业应进一步减少纵向分工和管理层次，不断增强横向分工和协作，使企业组织结构变成一个相对平等、自主、富于创新精神的小型经营单元，或个人组成的网络型组织。

3.柔性化

在大数据环境下,中小企业实行以创新推动企业发展的经营模式,企业内部人人都可以创新。因而,当出现新创意或新思想时,企业需要组织调配所需资源支持研究开发,此时,就需要中小企业实行柔性化的组织。柔性化组织是指在组织结构上不设置固定和正式的组织,取而代之的是一些临时性的、以任务为导向的团队式的组织。例如,项目小组,它是为实现某一特定目标,由不同部门、不同专业人员组建的特殊形式的临时团队,各团队并不是固定的,随项目的改变而调整。项目小组利用大数据技术可以减少资源进入和退出障碍,充分发挥合作优势,及时推出新产品以满足不断变化的市场需求。

(二)企业间组织结构创新——构建虚拟组织

大数据可以在更大的范围内提供资源的共享,促进企业间的信息处理与协同工作。随着外界环境的日趋复杂以及大数据技术的日趋成熟,组织未来的结构将继续朝更加柔性的方向发展,能更加有效地对环境做出反应。大数据可以更加充分、有效地融合传统企业间信息系统。通过大数据共享的资源池,企业可以将相关的顾客、供应商、同行竞争者、相关管理部门、中介机构等都融合在统一平台中,各主体在一个公共的平台上相互协作,加快了信息的传递速度,扩宽了信息传递管道,使各机构、各业务环节能够协同工作。因此,大数据技术环境下的虚拟结构,将提供更强大、更有效的信息处理能力。

例如,在产品生产阶段,除了采取传统的依靠企业自己完成产品生产外,在大数据技术共享的平台环境下,中小企业可以更好地发挥自身应对外界环境变化的灵活性,迅速构建虚拟组织,在更短的时间内完成生产过程规划并进行产品生产。在日趋激烈的市场竞争环境下,中小企业应在重视核心功能(如产品创新)的基础上,积极构建这样一种虚拟组织结构:它不需要具备全部产、供、销、人、财、物等各种基本功能,只需要从事自身最具优势的业务,其他功能由市场中的其他主体来完成。这种组织结构没有明确的界限,能保持各主体之间的密切沟通。中小企业通过云计算系统构建虚拟组织,获得竞争优势,增强自身核心能力,甚至能够更直接与大型企业进行市场竞争。

在虚拟组织的组织方式上，中小企业利用大数据技术能更好地解决组织内企业如何选择、供应链如何连接、信息如何集成和分配、企业间活动如何协调等问题。在大数据环境下，中小企业构建虚拟组织可以通过业务外包方式，也可以采用动态联盟的方式。动态联盟不是实体的结合，而是资源的结合，如技术、资金、市场、管理等资源。通过参与动态联盟中的专业技能或专有知识的共享或转让，中小企业可以在生产制造、市场营销或其他领域获得新的或更好的运作手段。

三、商业模式创新

面对技术进步的推动和夹缝中生存的困境，中小企业唯有进行管理创新，建立与环境变化相适应的商业模式，才能实现持续快速发展。

商业模式创新，核心是价值创新，给顾客创造新的价值。产能过剩、同质化竞争、低价竞争的根源在于没有价值上的创新，这也是许多中小企业面临的困境。在大数据环境下，中小企业应密切关注客户需求的变化，将客户纳入企业产品和服务开发活动中。企业的一切活动都应当以满足客户需求为中心，建立起为客户创造价值的商业模式。

1. 产品定制

在农业经济时代，由于生产力发展水平低下，生产者和消费者的距离很近，生产者能生产出符合消费者要求的产品。在工业经济时代，生产力水平迅速提升，形成了规模经济，从创业产生、研究开发、组织生产到最终销售给消费者，环节越来越多，分工也越来越细。规模化生产降低了生产成本，提高了生产效率，然而，这也在一定程度上拉大了生产者和消费者之间的距离。随着 20 世纪 90 年代信息技术应用于商业活动中，信息技术的发展对规模化生产方式产生了革命性的冲击，它改变了生产者与消费者一对多的关系以及生产者的统治地位，使消费者重新加入生产活动。大数据技术作为信息技术领域里一次重大的革命，必然会对现有的生产经营模式产生巨大影响。通过大数据统一共享的平台，企业与顾客可以实现即时双向交流，全球各地的顾客可以随时了解一个企业的产品和服务，获得信息，提出反馈意见和发出订单，乃至根据自己的需求参与产品的设计。虽然产品可能由于顾客的个性化定制而各不相同，但由于网络的作用还是会享受到一定程度规模经济带来的好处。

2. 产品经济向服务经济转变

近些年，随着服务业的快速发展，服务业的产出和就业在整个经济中的比重持续上升，服务业在促进整个经济快速发展方面发挥的作用越来越大。企业之间的竞争从产品质量和成本层面逐渐深入服务质量层面，企业的服务水平和服务质量日益成为推动企业经济增长的引擎。随着电子商务以及物联网的发展成熟，在大数据环境下，中小企业在为客户提供有形产品的同时，还应注意与产品本身相关的各种无形商品和服务。例如，苹果公司开发的iPod、iPad、iPhone系列，开放式软件合作开发平台以及配套的影视频及软件下载商店就是一种新的商业模式，既包括新型的播放器，又包括灵活的、个性化的内容交易平台，中小企业可以借鉴学习此做法。

总之，在大数据技术环境下，在发掘客户需求和价值的基础上，中小企业商业模式创新最重要的就是在深入了解和引导客户需求的基础上，发挥强大的资源整合能力，根据企业的不同发展阶段和不同经营状况，把企业拥有的或可利用的资源组织起来，进行资源优化配置，进而实现最佳产出或价值创造。

四、企业文化创新

在大数据时代，企业文化建设需要在营造凝聚力的同时，倡导灵活性、适应性，尊重员工个性。这是因为，即使在大数据时代，仍旧有很多核心的工作内容是依靠个别人、依靠松散的联盟所无法完成的，组织的力量在大数据时代仍旧重要、不可替代。即使在大数据大潮中最出色的企业，所雇用员工的人数也在不断增长。

企业文化建设更需要注重本质的内容，如在参与式管理、员工福利等方面需要满足时代的需要。大数据时代信息变化速度快，竞争激烈，先发优势往往更加明显，因此企业更需要组织能够鼓励一线员工积极参与经营管理、新产品开发等工作。

企业文化还需要尊重个性。互联网的一个重要功能就是令使用者满足能够表达的参与感。因此，受到禁锢、感觉不快乐的员工很可能在个人的网络交往范围内表达自己的不快，这种情绪不仅会得到其社会网络内的呼应，也会影响其他员工，令企业内人心涣散。这说明，在大数据时代，企业文化凝聚人心的作用变得更加重要。

在大数据时代，企业文化的建设方法是不断创新。第一，要尊重个人，尊重员工的知情权、表达意见的权利，网络平台就是平等沟通、发布信息、倾听意见的渠道。第二，基于互联网的沟通是一个多主体、多层次、多方向的互动，其常态是多元化的价值取向。在企业文化建设中，不能简单化地要求员工接受统一的价值观，而要通过充分地交流沟通，逐步地形成价值观上的共识。第三，鉴于价值观多元化的基本特点，组织对各层次、各部门、各群体形成的亚文化，应采取更为宽容的态度，在社会主义核心价值观这个主旋律下，允许存在各种不同的"变奏曲"，这不仅不会削弱"主流音乐"，反而会增加整个"乐曲"的魅力。

五、数据管理创新

企业的数据是其拥有的十分重要的资源，以往数据的价值可能被忽视，企业领导和员工没有认识到大数据将是未来企业竞争的制胜法宝，如有些重要的数据不能够及时、充分地被汇集起来，影响企业的决策；数据缺乏统一的分类标准，使数据整合工作面临很大的困难；过去的大量数据失去后续的利用价值等。大数据时代的到来，使我们意识到数据的重要性，也给企业管理创新指明了新的方向，即应加强数据的收集、存储、分析、应用，提升数据管理水平。

一是数据收集。在大数据时代，企业管理活动将更多地依靠数据，用数据说话，拥有庞大的数据资源是企业管理的基础。在过去企业管理活动中，常会出现掌握的现有数据难以满足决策需要的情况，进而影响决策的效率。因此，应加强数据的收集，为企业管理活动提供更广泛的数据资源。一方面，政府要积极引导企业的管理信息化工作，给企业提供技术方面的支持，帮助企业更好地加强数据的收集和利用；另一方面，企业自身应把数据规划的工作做好，建立适合企业实际情况的数据收集框架体系，在此基础上开展数据收集活动。

二是数据存储。在大数据时代，数据迅速膨胀，形成庞大的数据洪流，企业在数据收集阶段所获取的数据量非常庞大，企业目前的数据存储软件和硬件技术难以满足新需求，这会在很大程度上降低数据分析和应用的效率以及质量。因此，需要建立良好的数据库。一方面，设立涵盖大数据技术的先进存储服务器作硬件保障；另一方面，企业要做好数据库结构规划设计，针对数据要素制定统一的分类标准。

三是数据分析。大数据的重要意义在于其潜藏的价值信息，数据挖掘、数据分析能够有效、及时地使人们深入数据内部，精炼数据，挖掘价值。现代企业管理活动在数据收集、数据存储阶段已经汇集了大量的数据，接下来运用大数据分析及挖掘技术，从巨大规模的数据中，有效率地寻找出有价值的信息，能够帮助需求者更好地适应变化，作出的决策更加高效、明智。

四是数据应用。目前，企业对大数据的需求越来越迫切，未来企业竞争的关键是数据资源。财务数据和相关的业务数据不仅是企业经营活动的记录符号，还是企业价值创造的助推剂。在企业管理中应充分发挥大数据的优势，利用大数据分析及挖掘有价值的信息，辅助经营管理决策，间接推动企业业绩的增长。

第三章 大数据时代中小企业财务管理的创新与发展

基于大数据的处理和分析，可以使企业财务数据实现重大变革，为企业带来巨大的价值增值。财务工作的对象是相关的财务数据，这一本质特征决定了在大数据时代，财务工作必定会随着大数据的发展而不断改革创新。

第一节 大数据对中小企业财务管理的影响

财务数据作为企业数据的核心，顺应大数据时代潮流，已由原来简单的核算记录工具转变为影响企业经营决策的重要因素，是企业在日常经营过程中重点关注的战略资源。同时，它在数据的来源、价值、形式等方面呈现出了重要的新特征，这对企业的财务管理工作提出了新的要求，也是企业重新审视财务战略的新契机。大数据推动企业管理的变革表现为数据的资产化、企业拥有数据的规模和活性，以及收集和运用数据的能力，这些将决定企业的核心竞争力。掌控数据就可以深入洞察市场，从而做出快速而精准的应对策略。

一、大数据时代财务数据的特点

(一)财务数据定义困难

在大数据时代,财务数据拥有海量的数据信息,数据集群和规模逐渐高速扩张。现阶段,传统的财务数据定义已经不能直观地展现出财务数据的特点,财务数据又处于不断的变化中,这将导致在给财务数据下定义时存在困难。

(二)财务数据整合难度大

大数据时代,企业产生的数据多且速度快,数据的收集、整理及处理仍然存在很多问题。随着企业的快速发展,预算管理数据的涉及面越来越广,在同一时间内,财务数据的生成量较大,有效数据和无效数据杂糅在一起,增加了人们辨别及整合数据信息的难度,降低了数据信息的使用价值。

(三)财务数据信息处理要求高

大数据时代,企业的财务数据信息表现出类型多、体量大、价值密度低等特点,增加了财务数据信息的处理难度,也对财务信息处理的精确性和及时性提出了更高的要求。现阶段,面对财务数据的瞬息万变,企业要想做好财务信息预算管理工作,就必须对财务数据信息处理提出更高的要求。

二、大数据时代中小企业财务管理创新的必要性

(一)传统的事务性财务管理已无法满足中小企业管理的需要

仅仅做好账务核算,针对月度或年度的财务报表进行分析,已无法为企业管理层作出及时、准确的决策提供帮助。在大数据时代,面对大量的数据信息,以及各种新技术、新业务模式的冲击,财务管理如果仅仅是"摆数据",对企业的发展和变革来说,是起不到支持作用的。因此,财务管理应该以更主动、更积极的方式来为企业服务,要实现从事务型向经营管控型的转变,要更加注重数据的及时性,以及财务数据与业务数据的融合。在业务流程中,预算是一切活动的开始,预算与业务流程相融合能够帮助企业制订更切实可靠的预算方案;收入是业务流程的核心,通过梳理各个业务环节所

涉及的收入点绘制收入风险图,以监控收入全程,保障收入实现;成本管控与业务流程的融合更能体现精益财务的思想,借助信息系统能够对成本发生点进行监控并及时调整资源的分配;资产是一切经营活动的基础,资产管理与业务流程相结合能够获取更详细、准确的资产使用和需求状况;风险控制与业务流程的融合更加满足了全面风险管理的要求。大数据时代,微博、微信、博客等传播介质中各类与企业相关的信息,有的看起来很有用,实则与企业没有关联;有的看起来微不足道,实际却与企业的发展战略息息相关。然而,对这些信息进行处理需要耗费相当的人力和物力,只有具有财务与数据分析能力的专业人才才能胜任此项工作。

(二)中小企业管理已经不满足于用ERP等手段进行事后管理

由于竞争的加剧,以及对数据时效性的关注,企业管理层希望得到更富有洞察力、更富有前瞻性的数据和分析。这也将对传统的财务分析模式产生冲击。财务人员对于大数据的整合和分析能力将得到关注和提升,他们要在繁杂的数据中,去粗取精、化繁为简,根据管理需求灵活、多维度地对财务数据进行分析,运用大数据准确地预测未来的趋势和变化。这些都对企业经营具有极大的价值。企业利用大数据强大的数据处理功能使财务管理人员脱离繁杂的工作成为可能。企业通过建立数据仓库、数据分析平台,使财务管理工作变得十分高效、流畅,财务管理的远程化、智能化和实时化也会成为可能。通过对财务信息和人力资源等非财务信息的收集、整理和分析,大数据可以为企业决策提供强大的数据支持,帮助企业选择成本最低、收入最高、风险适中的方案和流程,减少常规失误,最大限度地规避风险,使企业的财务管理工作更具前瞻性和智慧性,使企业的内部控制体系得以进一步优化。

三、大数据对中小企业财务管理工作的影响

(一)促进财务管理信息的挖掘

在大数据时代背景下,企业获得财务管理信息的主要途径除了传统的财务报表,还可以利用大数据技术从业务数据、客户数据等方面挖掘更多的财务管理信息。以计算为核心的大数据处理平台可以为企业提供一个更为有效

的数据管理工具，提升企业财务管理水平。很多企业对自身目前的业务发展状态的分析只停留在浅层面的数据分析和进行简单的汇总信息，在同行业的竞争中缺乏对自身业务、客户需求等方面的深层分析。管理者若能对数据进行客观、科学、全面的分析后再作决定，将有助于降低管控风险。

企业管理者在大数据时代背景下，不仅需要掌握更多更优质的数据信息，还要有高超的领导能力、先进的管理模式，如此才能使企业在竞争中获得优势。除了传统的数据企业平台外，企业可建立一个非结构化的集影像、文本、社交网络、微博数据为一体的数据平台，通过内容挖掘或者企业搜索，开展声誉度分析、舆情化分析以及精准营销等；企业可随时监控、监测变化的数据，开展提供实时的产品与服务，即实时的最佳行动推荐。企业的创新、发展、改革，除了传统的数据外，还要把非结构化数据、流程数据用在日常企业业务中，对产品、流程、客户体验进行实时记录和处理。企业可融合同类型数据，互相配合进行分析，以突破传统的商业分析模式，实现业务创新和变革。企业可通过微博等社交媒体把需要的文档、文章放进非结构化的数据平台中，对其中的内容进行字、词、句法分析和情感分析，以及一些关系实体的识别。通过这些内容，可以帮助信息使用者获得更加真实的、更具经济价值的信息，从而使股东对企业管理层的约束力得以加强，使部分中小企业的融资难问题得以有效解决。

（二）提升财务管理信息的准确度

财务报告的编制以确认计量记录为基础，然而由于技术手段的缺失，财务数据和相关业务数据作为企业的一项重要资源，其价值在编制报告的过程中并没有受到应有的重视。由于技术限制，有些企业决策相关数据并未得到及时、充分的收集，或者由于数据分类标准差异，数据整合利用难度大、效率低。因此，相关财务管理信息不准确、不精准，大量财务管理数据在生成财务报表之后便处于休眠状态丧失价值。大数据使企业高效率地处理整合海量数据成为可能，大量财务管理数据的准确性得以提升。

（三）提升财务管理信息对企业决策的支持力度

对企业来说，财务信息是一个比较重要的概念，企业可以根据自己的基本情况制定财务准则，根据这些准则，可以确认企业的资产以及经营情况。

然而在分析企业的财务信息时，也会因为一些其他问题影响财务信息基本的情况，为了解决各种各样的问题，也就出现了管理会计，以更好地运用财务信息。在大数据时代，企业需要获取各种各样的信息，就需要把财务信息和其他信息结合起来形成一个数据库，便于企业的决策管理工作。举个例子，互联网企业能够运用客户数据分析体系，分析单据和购买客户的地域分布、年龄结构、消费习惯等，以此来判断客户对产品的需求和爱好，根据客户需要制造产品，增加企业的收入。

（四）加强企业财务风险管理和内部控制

在现代企业经营管理中，企业风险管理越来越占有重要的地位。由于许多外在因素的影响，加上市场环境的复杂性，对于企业来说，如何应对财务风险是极其重要的，企业必须重视这个问题。现代企业所面临的风险非常多，其内外部环境都不稳定，企业必须采取有效的方式争取资源，完善内部控制机制。对于企业财务风险管理来说，内控机制是基础，把两者有机地结合起来，能够有效地应对财务风险中的问题。在信息化时代，大数据技术的应用以及信息平台的建设，能够给企业带来准确的、真实的财务信息，还可以采用智能化的处理系统帮助企业有效进行风险识别和判断，防止风险的出现。

对于风险的识别和判断，可以从以下两个方面进行：①风险预警和防控。通过大数据的处理系统，企业能够随时随地地观测财务信息，还可以追踪财务信息，利用智能分析来观察企业的资金走向，防控企业财务风险的产生。②风险管理。利用大数据技术和信息处理系统，企业在发生财务风险以后，能够及时迅速地解决问题，将影响范围缩到最小，把成本损失降到最低。

（五）拓宽企业资金筹集的渠道

通常情况下，企业在进行财务管理的时候，基于大数据技术环境中信息的共享特性，会使企业原本只依赖于借贷筹资的方式有所改变，形成现有的多样化的资金筹集方式。如今一般数据信息都是通过资本市场从相对应的信息共享平台中获取而来的，通常都是运用债务转股权或重组合并等不同的方式让企业开拓资金筹集渠道，最终在降低了资金筹集成本的情况下，给企业带来更多的经济效益。目前在这种情况下的信息共享性质，促进了企业可以从更多的方向进行财务决策。

（六）促进企业财务人员角色的转变

从企业财务管理的角度分析，大数据为财务人员从记账复核和简单的报表分析向高层管理会计转型提供了机遇。大数据技术能够帮助财务人员破解传统分析难以应对的数据分析难题，及时评价企业的财务状况和经营成果，从而揭示企业在经营活动中存在的问题，为改善经营管理提供明确的方向和线索。财务管理者应清晰认识到，对投资人决策有用的信息远远不止财务信息，伴随大数据时代的到来，真正对决策有用的应该是广义的大财务数据系统。它包括战略分析、商务模式分析、财务分析和前景分析，它所提供的财务报告是内涵更丰富的综合报告，该报告应能够反映企业所处的社会、环境和商业等背景，对企业战略、治理、业绩和前景等重要信息进行整合并列示。另外，综合报告中的非财务信息比例增大并进行了准确量化。

在大数据时代，商业终端指导顾问（CFO）将在企业价值创造中扮演更重要的角色。大数据时代CFO的主要职能在于进行更有效的企业价值分析和价值创造。运用财务云等先进的管理技术，CFO能对大量的财务、商业数据进行分析处理，发掘出对企业有价值的信息，优化企业业务流程，将资源更好配置到快速增长的领域，从而为企业创造更大的价值。这要求CFO进一步强化对企业经营活动的反应能力、风险控制能力及决策支持能力。对于一般的财务人员来说，在应对大数据方面，需要更为广泛的数据处理能力作为支撑。大数据时代，财务数据更多的是电子数据，这就要求财务人员更好地掌握计算机技术，能从大量数据中抽取对自己有利的内容并为己所用。日益复杂的财务环境对企业财务管理提出了更高的要求，培训是提高员工综合素质最有效的手段，所以企业需结合自身的实际情况，聘请有经验的专家指导财务管理人员的工作，激发员工学习的积极性，提高财务管理人员的业务能力。

第二节　大数据时代中小企业财务管理创新与发展的策略

在大数据时代，企业经营管理接触的数据量越来越大、数据类型越来越复杂，传统的财务管理已经不能满足新经济形势的更高的需求。因此，财务管理需要做出适应性的转型，大数据为企业的财务管理工作开辟了一种崭新的思维模式，延伸了传统的财务管理领域。在大数据时代背景下，为了实现企业财务管理的成功转型，推动企业健康持续发展、提升企业价值，具体的财务管理创新与发展策略主要有以下几点。

一、创新企业财务管理组织结构

组织结构是支撑产品生产、技术引进、经济活动和其他企业活动的运筹体系，是企业的"骨骼"系统。过去企业的财务管理组织结构大多采用职能部门化，通常设有财务部、会计部、资金部等部门。

大数据时代来临，企业财务管理组织结构要做出适应性的变革，主要有以下三个方面。一是基于原有财务管理组织结构，在财务管理组织内部增设专门的部门，管理所有的财务数据、非财务数据等大量的商业数据，管理财务大数据中心开发平台。二是考虑到传统财务人员自身能力的局限性，在财务管理专门部门中配备适当比例的数据分析人员。他们通过运用统计学分析、商业智能化、数据分析处理等技术，从海量的数据中挖掘出潜在的有价值的有意义的信息，为企业管理者做出正确的决策提供数据支持。三是大数据时代，财务管理摒弃了以往孤立工作的理念，更多地进行跨部门的合作，财务部门与企业其他业务部门的联系更加的密切，财务数据的数量更大、类型更多样性、来源更加广泛，大数据下的企业财务管理需要企业全员的广泛参与。

二、建立财务管理信息化制度

大数据时代带来信息化、网络化的飞速发展，为了适应信息化的新经济形势，有人提出了建立财务管理信息化制度的想法。这不仅需要开放的网络信息环境、统一的财务制度，还需要搭建财务大数据中心平台和配备专业人员。

具体来说：一是网络信息环境。企业内部情况和外部环境变化是网络信息环境首先要考虑的，另外，还包括国家政策、行业特点、人力资源、物力资源等多种因素。二是统一的财务制度。采取统一的财务制度，可以对资金的流动进行有效的管控，提高资金运营管理的效率，确保资金的安全性和完整性，同时可以最大限度地防止财权的分散和弱化。三是财务数据中心平台。企业通过应用大数据技术，积极构建财务大数据中心平台，管理财务数据和非财务数据等，运用数据仓库、数据挖掘等关键技术，可以从大量的数据中分析提取出有价值的信息，为企业管理层提供实时、准确、完整的信息，有利于企业更有效更准确地进行财务管理工作，防范企业所要面临的潜在风险，从而对企业未来的发展做出更具前瞻性、智慧性的预测。四是配备专业人员。重视人力资源，加强培养企业员工的信息化素质，同时企业需要配备大数据专业技术人才。

三、构建财务管理智能系统

大数据包含的信息价值巨大，但密度值很低，所以大数据的焦点是从海量数据中挖掘潜在的有价值的信息。商业智能正是通过运用数据仓库、数据分析、数据挖掘等先进的科学技术，将海量的数据快速及时地转化成知识，为企业的决策和战略发展提供信息支持。因此，商业智能是大数据的核心应用。当今，大数据时代带来了信息大爆炸，企业要想在激烈的市场竞争中脱颖而出，决策速度和准确度的重要性已经毋庸置疑。财务管理是企业管理的核心，直接反映着企业的经营状况。因此，在财务管理方面运用商业智能，通过新技术方法，将财务大数据快速及时转化为可为决策提供支持的有价值的信息，构建财务管理智能系统变得非常重要，已成功地将企业财务管理与商业智能相结合。下面将从三个方面介绍财务管理智能系统的具体应用。

一是财务分析。针对企业过去的及现在的财务大数据，财务分析系统能够采用数据挖掘分类技术和预测技术等对其进行更加深度的加工、整理、分析及评价，从而全面准确了解企业的筹资活动、投资活动、经营活动的偿债能力、营运能力、盈利能力及发展能力状况，为企业的投资者、债权者、经营管理者和其他关心企业的组织及个人认识企业的过去表现、评估企业的现在状况、预测企业的未来形势、作出正确的决策和估价提供及时准确的信息依据。

二是财务预算。在大数据时代，建设财务预算系统能够实时监控财务预算的执行和完成情况，从而使企业适应经济市场环境的变化，不断调整和完善财务预算方案，提高企业随机应变的能力。财务预算系统采用商业智能中的回归、神经网络等技术，其功能不断完善，能更迅速、更准确地预测企业未来的财务状况和经营成果。

三是财务决策支持。财务决策是选取与确定财务方案、财务政策。财务决策内容主要有筹资决策、投资决策、股利分配决策等，这些内容都可以通过财务决策支持系统来完成，并运用前沿商业智能技术，从海量的财务大数据中提取相关数据，进行数据联机分析处理，为管理层提供决策支持。

四、建设大数据财务人员队伍

在大数据技术的助力下，财务管理者可以有效地提升财务管理水平，降低资金成本，给企业带来更多的利润。由此，大数据为财务人员提供了更多创造人生价值的机会。大数据技术的不断成熟改变了企业的经营管理模式，这对财务管理人员的能力和素质提出了更高更全面的要求，财务人员开始由财务专才向业务全才转型。大数据时代下的财务人员不仅需要掌握会计学、财务管理等专业领域的理论知识，还需要对统计学、计算机科学、设计学等方面的知识进行学习和掌握，提高综合能力素质，为提高大数据技术在财务管理中的应用水平提供广泛的专业知识支持。但是，当前很多企业都缺乏相应的人才储备，现有财务队伍能力素质普遍较低，难以实现对财务大数据的分析和挖掘，不利于企业作出及时准确的决策。所以，在大数据时代，随着信息和网络技术的快速发展，企业应加强培养员工的信息化素质，加强培训财务人员熟悉多层次的信息技术系统及掌握相应的业务知识，全面提高企业财务人员的综合能力，着力建设大数据财务人才队伍，使企业能够真正运用大数据技术收集、分析、整理、传递财务资源，从而帮助企业管理层作出最优的财务决策。

五、加强财务管理内部控制

在大数据时代，完善的财务会计内部控制体系是企业资产安全和真实的保障，有效的财务管理能够提高企业的市场竞争力，促进企业经营战略目标的实现。企业的经济发展核心围绕着资产和信息资料开展，虽然大部分企业的管理人员能够认识到企业财务管理及内部控制机制对于企业经济效益的好坏有着直接影响，认识到只有良性的财务会计工作循环才能使企业经济效益得以提高，保障企业的长期发展，却并没有实际落实好此项工作。笔者认为，加强财务管理的内部控制，可以采取以下措施。

（一）以科学创新为奠基，正确认识管理控制制度的重要性

正确的管理理念是引导中小企业平稳发展的主要因素，企业管理人员不仅要以身作则遵守企业的规章制度，还应根据企业实际情况，不断完善和优化企业财务管理及内部控制机制，督促财务管理人员严格按照制度对企业经济行为进行监督和检查，在潜移默化中让大家意识到管理控制制度对企业良性发展的重要性，确保企业的经济效益最大化。

（二）加强管理财务审核工作

企业的发展是企业生存的价值体现，也是企业不断追求的目标。为了营造一个良好的企业条件使生产经营活动顺利开展，必须不断加强企业财务审核的管理工作，使财务管理与企业日常工作相融合，环环相扣，及时发现并解决财务工作中的不足之处。有效的财务审核不仅应发挥杜绝徇私舞弊造成经济损失的作用，还应该发挥预警作用，时刻警示提醒工作人员保持客观正直，让各岗位工作人员明确自己的职责和权限。这样一方面可以为企业创造机遇和条件，提高企业的市场竞争力；另一方面可以使中小企业的财务管理水平得以提升。

(三）加强培养财会人员的综合素养

企业应当经常组织财会人员学习培训，以巩固和更新财会人员的专业技能和综合素养，使他们能够在更高效地完成本职工作的同时，还能够利用专业为企业创造更多的价值。比如，企业可以针对自身需求，与当地高校合作，有针对性地培养适合本企业发展的专业财会人员，经过考核后，择优录取。这样不仅能够满足企业的需求、解决学生就业问题，也能够使学生更快、更好地适应现代企业的发展要求。另外，薪资待遇是促进员工积极工作的原动力，如果他们消极地对待工作，那么十有八九是对薪资待遇不满。企业管理人员在不违背企业原则的情况下，可以适当地设置奖惩措施，奖励工作态度认真、积极、负责的员工，惩罚消极不负责任的员工。这样不仅能够调动员工的工作热情，还能增强他们的工作责任感。

企业的发展必然离不开财务管理及内部控制机制，其对企业的重要性不言而喻，虽然此项工作开展起来并不是那么顺畅，但是机遇与挑战是并存的。企业对财务管理和内部控制方面的工作越重视，就越能及时发现问题并做出正确的调整，这对企业持续、长远的发展也是一种规范性的保障。

第三节 大数据时代中小企业财务分析的创新与发展

一、传统财务分析面临的困境

随着信息技术的跃升和竞争格局的变化，企业日常营运中产生的财务数据越来越多，管理决策者对所需要的财务决策信息的要求也越来越高，以财务报表分析为代表的传统财务分析方法存在很多弊端，已经难以应对当前经营模式下企业财务管理的需求。传统财务分析的弊端主要包括以下几点。

（一）传统财务分析模式具有片面性

传统财务报表秉持数量分析为主、定性分析为辅的原则，分析方法局限在统计汇总和简单计算，得出的结论主要围绕投资、筹资、营运能力、偿债能力和盈利能力等固定项目。然而，在现代企业都在大力普及物联网、云计算等新技术的环境下,企业不仅有能力获取全部业务数据,而且数据的类型也逐渐从金额扩展到时间、地址、评价等多种形式。传统财务分析方法无法对其进行统筹筛选、排序、计算和分析,不能为企业决策提供有效支持,无法满足管理层需求。

(二)传统财务分析模式具有时间上的滞后性

目前多数财务分析方法依赖的是会计核算数据,会计核算基于的是历史事件,因此,传统财务分析只能对历史做出评价或是根据历史预测未来。然而,企业无时无刻不产生新数据,在发展日新月异的今天,时间就是企业的生命线,实时获取企业所有数据信息已经成为财务分析决策的迫切需求。

(三)传统财务分析结果受到会计政策选择的影响较大

由于我国会计准则允许在公允价值、折旧等方面由企业自行选择处理方式,因此,会计选择在一定程度上会干扰财务分析结果,也导致了财务分析结果在不同行业之间的可比性降低。数据挖掘可以克服这些困难,它通过对海量数据的转换和处理,将非标准的数据标准化,消除数据的噪声,使不同类型不同行业的企业具有横向可比性,得出企业管理不足之处予以完善。

总体而言,在数据挖掘、云计算等现代计算机技术介入财务分析之前,传统财务分析方法已经难以满足企业收集、存储和分析业务数据的需求,传统模式的弊端暴露得越来越彻底。数据挖掘在财务分析中的应用就越来越紧迫并显得尤为必要。

二、大数据时代企业财务分析职能的深化

大数据时代的财务分析较传统财务分析的优势在于:能够对数据进行全量级而非样本级别的分析,能够进行混杂数据类型而非仅仅精确类型的数据分析,能够进行相关关系而非因果关系的分析。财务分析的职能一般可分为三个方面:成本费用收入等指标计算,决算与预算对比,控制与评价。在大数据时代的冲击之下,财务分析的职能被大大扩展。

(一)指标计算:从历史核算到主动价值发现

在业绩评价、企业决策和预决算中都贯穿着成本、费用以及资产运营等

指标的分析，因此，它们作为财务分析最基础的功能，仍然非常重要。传统财务分析中对成本、费用的核算以及对偿债能力、资产运营状况的指标计算所依赖的数据仅限于企业内部历史信息，显然已经与全量数据计算的大数据时代不相适应。

大数据时代数据挖掘技术的使用能够收集并加工与企业会计核算、业绩评价相关的外部信息，如同行竞争情况、供应商与客户等信息。此外，大数据技术能够对其中的半结构或非结构化数据进行加工和转换，最终为财务分析所用。数据挖掘技术中所提供的关联发现和趋势预测等结果，能够主动提醒管理者发现一些从未注意到却真实存在的隐形成本或收益，以主动价值发现的方式促使管理者关注历史核算数据之外的与企业经营相关的内容。因此，基于数据挖掘的企业成本确定和成本收益计算不仅更加精确科学，而且为企业创造的价值远远超过了传统模式，能够为企业的生产、销售活动避免更多的风险，提高企业的管理水平。

（二）决策支持与预算：从忠于历史数据到更加精准的趋势分析

决策支持和预算是财务分析的两个重要功能，也是财务分析结论参与企业经营管理的主要表现。现有的决策支持和预算多数依赖的是历史数据，用时间序列测算的方式简单计算得来，没有综合考量一项业务或者一个对象的整体，也没有考虑外部市场、消费习惯以及市场竞争等因素，因此，计算结果存在片面性，容易误导经营决策。大数据时代，数据挖掘技术能够收集、利用和分析海量数据，其中就包括同行竞争、顾客忠诚度、供应商发展等外部影响因素。数据挖掘技术能够自动用不同来源的数据修正预测模型，输出的趋势分析结果更加准确、客观。数据挖掘技术能够根据业务模式和海量数据自动生成计算模型。因此，在大数据时代，数据挖掘技术使财务分析的决策预算职能变得更加主动，即从基于历史数据的简单预测到主动发现数据本身蕴含的结论和价值，并据此调整经营管理措施。

（三）控制与评价：从事后评价到实时动态预警

控制与评价功能是财务分析的重要职能。传统财务分析中控制与评价功能主要体现于在每一个区间结束后，将会计核算数据与预算数或标准数据进行比对，以寻找差距、确定奖惩。无论方式如何变化，这种方式都脱离不了事后评价的固有限制，所输出的结果难以避免具有一定的滞后性。在大数据时代，数据挖掘技术的使用帮助企业实现实时、快速地收集信息和挖掘数据。在数据挖掘模式下，财务分析的预测、预算、核算和比对模块形成一个完整的实时动态预警系统。大数据挖掘财务分析平台首先形成对未来趋势的预测，进而据此制定相关财务指标的预算数并实时和会计核算系统中的数据进行比对，一旦偏差超过预设幅度就会发出预警。由此可见，大数据时代，控制评价职能已经逐渐从事后评价转变为事中实时预警。

三、基于数据挖掘技术的企业财务分析平台的构建与应用

（一）数据挖掘财务分析平台的构建原则

财务分析作为财务管理的重要组成部分，能够在分析企业信息的基础上为经营者提供有决策参考价值的信息。将数据挖掘嵌入企业并服务于财务分析领域，可以从企业大量的经营数据和外部数据中凝练、提取有价值的信息，为非结构化问题提供结构化的解决方案；可以从海量信息中发现事物的运行趋势，及时调整经营方向，将决策建立在数据证明之上，减少主观判断的偏差。数据挖掘财务分析平台的构建应当遵循以下原则。

1. 以财务基本原理为指导

数据挖掘技术的本质是数据处理技术与模型的有效结合，模型的应用离不开人为的设置和筛选。仅仅关注模型和算法可能出现在同一数据仓库下不同算法产生不同结论的尴尬局面。为了保持财务分析结论的科学性和可比性，构建数据挖掘财务分析平台仍然需要遵循基本的财务原理。其好处在于以下几个方面。

第一，帮助数据挖掘系统正确地识别和定义数据挖掘主题，选取行之有效、具有决策参考价值的数据挖掘方法。在数据分析思路的形成中，以会计准则和基本财务原理为代表的规则起着非常重要的作用，决定了数据挖掘和分析的基本思路。

第二，当结果出现偏差或者与预期不符时，可以使用基本的会计原理修正所采用的数据模型参数。数据挖掘技术在财务分析中的应用最根本的目的是使用其得出有价值的判断结论，而非追求算法、模型使用上的复杂，因

此，模型在设计时必须考虑在遵循财务会计准则的同时与企业的具体经营模式相适应。

第三，有助于信息使用者理解数据挖掘的结果，使数据分析结果真正发挥决策支持作用。数据挖掘只是一个工具，挖掘出来的信息并不能替代基础知识，如果管理者沉迷于数学模型或数据信息，就有可能会歪曲事实，甚至作出错误的决策。因此，在数据挖掘技术应用于财务分析过程中，仍然要使用原有的财务会计原理和语言。

2. 智能化

智能化是构建数据挖掘财务分析平台的重要目标。主要体现在以下几个方面。首先，平台应遵循数字化原则。平台应当与物联网、会计信息系统、外部系统进行有效对接，尽可能对企业内外全部信息以数据的形式进行实时的收集、存储，确保系统能够实时地处理数据并提供决策分析依据。其次，平台应当采用较为先进的存储和分析技术，减少软硬件系统本身缺陷对处理结果的干扰。最后，基于数据挖掘技术的财务分析系统不再是企业内部单纯的某一个模块，而应该是网络化的、智能化的分析系统。一个良好的数据挖掘财务分析平台应当在企业内部与各个业务模块、母子公司进行闭环对接，在企业外部与税务、工商、中介进行联通，形成一个紧密的数据传输、处理链条。使母子公司之间、不同部门之间能够资源共享，使管理者决策不受部门壁垒的干扰。

3. 与企业业务、组织流程和文化相协调

管理会计的研究不能局限在技术层面，必须同社会文化观相结合。现代公司治理理论认为，企业是一个由利益相关者组成的契约组织，因此，企业组织内部的运转不具有可精确计算的规律，即使是先进的计算机技术，也需要适应组织流程。同时，无论是数据挖掘技术还是其他任何一种先进技术的使用，目的都是服务于企业业务和管理。因此，数据挖掘财务分析平台构建的流程设计应当与企业当前业务环境、业务链条、组织设计和企业文化协调一致，使其构建完成后能较好地嵌入现在的组织环境。此外，在数据收集、存储过程中，分散于企业组织内部大量杂乱无章的信息，需要通过合理的、符合企业经营模式的渠道和方式收集、确定、储存与传递。最后，设计和实施基于数据挖掘的财务分析流程时需考虑组织原有的结构、信息传递方式、决策过程、决策风格、决策透明度以及信息的安全性等问题。技术的应用并不是简单的附加,而是组织管理的有机组成部分,信息技术的发展替代不了管理的社会文化性。因此,数据挖掘应用于财务分析领域必须注重与企业组织流程、文化相协调的原则。

(二)数据挖掘财务分析平台的功能

1. 指标分析功能

指标分析功能是传统财务分析模式最基础、应用最广泛的功能。数据挖掘模型下的指标分析功能仍然沿袭了传统财务分析的理念和计算公式,常规的分析指标如表3-1所示。

表3-1 数据挖掘财务分析平台常用分析指标

类别	具体模块	分析指标
经营能力分析	资产分析	总资产构成情况、流动资产增减变化情况分析、货币资金分析、应收账款分析、存货分析和固定资产分析
	营运能力分析	存货周转率、应收账款周转率、流动资产周转率、固定资产周转率、总资产周转率等
	现金流量分析	现金流动总量分析、营业现金流量分析、与长期投资有关的现金流量分析等
	费用分析	费用要素增减变化情况分析、管理费用分析、营业费用分析、财务费用增减变化情况分析等
偿债能力分析	偿债能力分析	流动比率、速动比率、资产负债率、产权比率、有形净值债务比率等
盈利能力分析	利润贡献分析	销售净利润率、销售毛利润率、资产净利润率、所有者权益报酬率、资产报酬率等分析
	利润分析	利润完成情况分析、营业利润完成情况分析、净利润完成情况分析、主要产品毛利分析等
所有者权益分析	所有者权益分析	权益构成情况、实收资本分析和所有者权益分析等

在指标计算功能上，数据挖掘财务分析平台对传统财务分析的改进主要体现在以下三点。第一，实时响应。传统财务分析平台对数据的提取依赖会计核算系统，对指标的计算需要等到会计核算完成之后。数据挖掘财务分析平台打通了财务系统和生产系统、物流系统等其他业务系统的数据交换，直接从数据源头提取，因此，可以随时响应分析需求，实现了从事后分析到实时分析的改进。第二，数据挖掘财务分析平台提供的财务指标计算结果具有更高的精确度。数据挖掘技术介入之后，在作业成本分配、数据层级传输等方面具有更高的精确度，且数据处理模块能够自动清理噪声数据，因此，输出结果更加精确。第三，数据挖掘财务分析平台构建时拓展了数据源，接入了税务、审计、互联网等外部系统，因此，除了能够提供内部数据计算功能外，还能够提供实时行业比对等额外功能。

2.决策支持与价值发现功能

（1）决策支持功能。作为财务管理的一个分支活动，财务分析的重要职能是为决策者提供有数据说服力的建议。传统财务分析模式下，决策支持职能依赖历史数据和财务人员的主观判断，客观性有待加强。而数据挖掘技术在财务分析领域的应用，摆脱了对传统分析模式中预设模型的依赖，它是从海量数据中主动发现关系、建立精准计算模型以响应决策需求，其流程如图3-1所示。

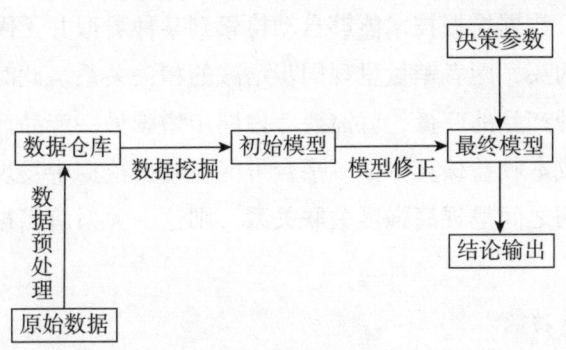

图3-1 数据挖掘财务分析平台决策支持功能流程

例如，会计核算中通常要使用现金流量法确定某一资产的公允价值，传统模式下折现率的确定很大程度上依靠财务人员的经验判断，具有一定的主观性。而在数据挖掘财务分析平台中，系统能够自动获取企业生产销售系统、金融机构等与公允价值相关的数据,然后借助数据挖掘技术自动生成折现模型并用历史数据检验修正。当决策者需要公允价值信息时,只需要将当前的参数输入调整后的模型中即可实时生成较为精确的计算过程和结果。又如,在制造业公司,经营决策离不开成本的精确核算。成本核算往往需要确认成本是否发生以及如何在不同产品间进行分摊和分配,还有可能和预算有所关联,这些都为企业成本的精准核算带来了挑战。在大数据时代,数据挖掘技术能够方便快捷地获取与成本相关的全部数据,通过建立各种数据模型和各种数据之间的关联关系,引入客观分析方法来确定生产费用的构成,对产品的成本进行准确判断后再将费用按一定的标准分配计入不同种类的产品成本,从而实现企业精准、有效的成本控制。

(2)价值发现功能。随着科技的进步和企业信息化的深入,财务分析的职能必然不断拓展,从被动走向主动,从历史核算走向主动价值发现。事实上,数据挖掘技术本身就是一个知识发现的过程,在对数据的处理过程中,不断积累知识并为管理者所用。因此,数据挖掘财务分析平台的功能构建应设置价值发现功能。

价值发现功能是指平台通过对海量数据的分析,发现潜藏在数据之间、此前未曾发现的重要关系。数据挖掘技术下的价值发现功能突破了此前人们惯常的因果关系思维,更重视相关关系,"用数据说话"成为价值发现功能的信条。例如,数据挖掘技术能够自动检索到某种看似并无因果关系的商品往往会被同时购买,两者销量呈现同步增减的相关关系。此时,如果管理者计划增减某一种产品的产量,就需要考虑同步增减另一产品产量对公司的影响。又如,在成本收益核算方面,平台可能在数据挖掘中发现某种成本与另一种不相干费用之间呈现高强度关联关系,则这一关系应当被检验后应用于预算和决策中。

3. 预测预算功能

大数据时代数据挖掘技术在财务分析领域的运用将促使企业财务分析将着眼点从历史转向未来,预测与预算功能就是这一理念的良好体现。预测是指基于历史数据和当前经济环境等因素,测算未来某一期间公司整体或单一对象的经营情况,预测既有可能是定量的,如对销售额的预测,也有可能是定性的，如对趋势的预测等。预算则是基于对未来预测的基础上，结合企业自身情况，测算营收、成本、费用等财务指标的金额，预算一般是定量的。在数据挖掘财务分析平台中，预测与预算可能是单独的操作模块以开放给不同权限或部门人员使用，但在功能上二者紧密相连并构成财务预警的基础。其流程如图3-2所示。

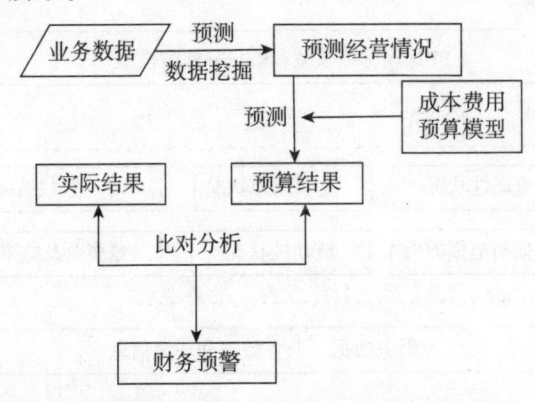

图3-2 数据挖掘财务分析平台预测预算功能流程

在数据挖掘财务分析平台中，系统自动采集历史销售数据，从时间、地域和产品系列等多维度进行挖掘分析，并参照当年外部环境因素对挖掘结果进行修正，以得出对下一个期间销售情况的预测分析，方便管理决策者及时做出生产、配送和广告推广等安排。预测数据在输出给管理者的同时自动进入预算系统，根据收入、成本、费用等财务预算模型产生下一个期间的预算发生额。此外，预测、预算系统是动态调整的，一次预算或者预测输出后并非固定不变，一旦有新的影响因素产生，系统将自动进行重新预测预算，并在修正后重新输出。

4. 监控预警功能

监控预警是一种持续的实时动态财务分析，即实时采集、挖掘数据，对关键指标实时进行测算并与预算值进行比对分析，一旦两者差额超出设定值，将及时做出预警，提示管理者发现并处理问题。财务危机预警是数据挖掘财务分析平台在财务预测分析中最重要的应用。目前，财务风险预测适宜采用的数据挖掘模型主要有BP神经网络模型和Kalman滤波模型。如图3-3所示，这些模型能够较好地结合财务数据和非财务数据构建动态预警分析。

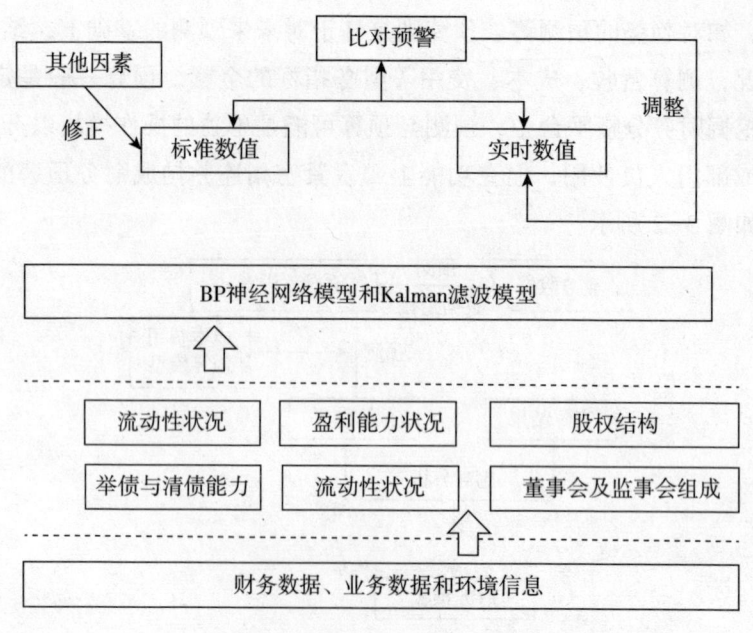

```
                        比对预警
                         ↑  ↑
   其他因素  修正              调整
           ↘  标准数值    实时数值
                    ↑  ↓

        BP神经网络模型和Kalman滤波模型
                    ↑

    流动性状况      盈利能力状况      股权结构

    举债与清债能力   流动性状况      董事会及监事会组成

           财务数据、业务数据和环境信息
```

图 3-3 财务动态预警体系

例如，在对现金的财务监控方面，调用预算比对模型，在修正数据剔除现金流入流出对冲影响后，将计划现金流量数和实时现金流量数进行比对，及时发现现金流动异常和存在的问题。在监控应收账款时，可采用聚类分析模型将不同的客户区分为不同的信用度并进行分类评价。最终，数据挖掘财务分析平台能够直接按照信用级别对应收账款按账龄、客户和地区等不同的维度进行列示，便于管理人员直观了解。在生产监控方面，真正实现作业成本法的应用，通过云计算等技术捕捉产品每道工序，记录、分析生产材料数据、机器运行数据、生产工人数据等，实现高难度作业的划分，方便实时查看不同生产车间生产完成情况。一旦成本实际发生额与预算数出现较大偏差，则向管理人员发出预警信息，提示管理人员查找问题原因。

（三）数据挖掘财务分析平台的工作流程

成功的数据挖掘过程绝不是对复杂算法或者模型的套用，而是将一切发掘的结果转化成有商业价值的信息并依据这些信息做出决策或者行动。因此，跨行业数据挖掘过程标准（DRISP-DM）强调，数据挖掘不是对数据简单的整理、建模、分析和呈现，而是一个涵盖了理解业务需求、寻找问题解决方案和接受实践检验的完整流程。一个完整的数据挖掘过程一般包括业务理解、数据理解、数据准备、建模、评估和部署等六个阶段，如图3-4所示。

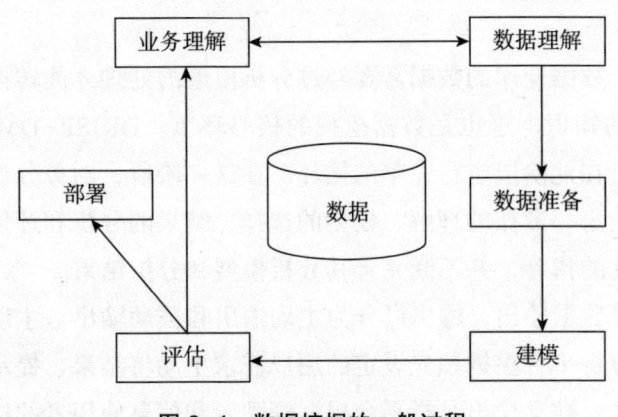

图3-4 数据挖掘的一般过程

数据挖掘财务分析平台的工作流程如图3-5所示。

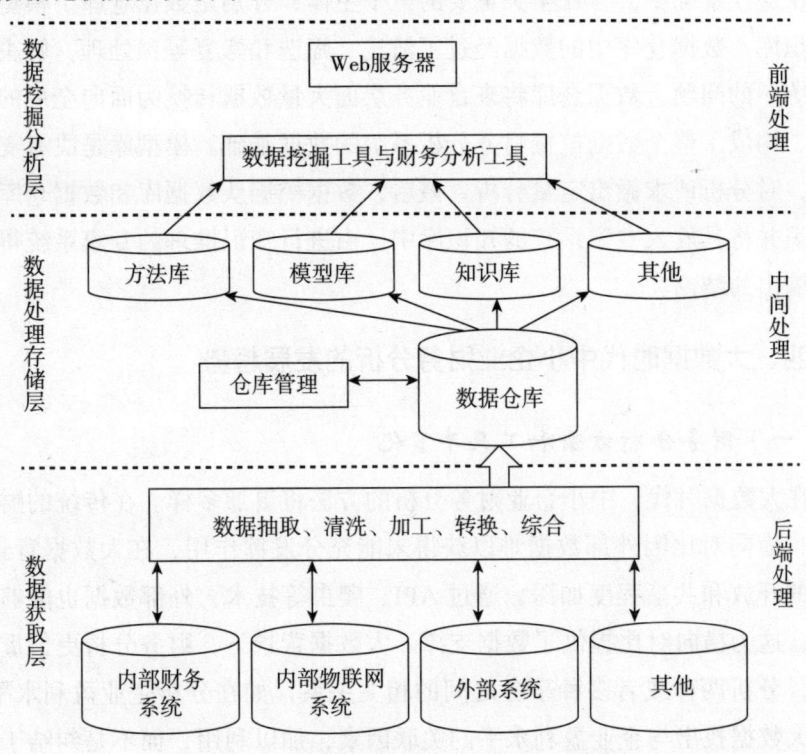

图3-5 数据挖掘财务分析平台工作流程

流程的第一步是根据经营管理需要确定须进行分析的问题,从问题出发确定所需要的内外部信息。数据挖掘财务分析平台根据需求将所需数据提取并经过清洗、转换等预处理后输入数据仓库,为第二步的分析挖掘作好准备。

第二步,数据仓库的数据需要经过分析模型的处理才能转换成为信息使用者所需要的知识,这也是数据挖掘的核心环节。DRISP-DM所倡导的数据挖掘流程可在此阶段进行完整的循环。在这一阶段,财务分析方法为数据挖掘主题的确定、数据的理解、模型的选择、结果的分析和评价提供了分析思路和概念性的指导,并不断完善其分析模型和分析结果。

第三步是数据输出,输出可分为主动输出和被动输出。主动输出是指数据挖掘财务分析平台根据预先设定的用户需求主动将结果、提示和预警信息等向用户推送。被动输出是指平台根据管理者和信息使用者的检索或请求指令,回答及响应用户。

在这一系统中,存在至关重要的三个主体,分别是数据仓库、模型库以及知识库。数据仓库中的数据经过了清洗、筛选和修复等预处理,解决了数据不统一的问题。数据仓库将来自业务层面大量数据转换为面向全局的数据视图,构成了整个数据挖掘财务分析系统的数据基础。模型库是决策支持的基础,对分析请求做出定量分析。最后,数据挖掘从数据库和数据仓库中挖掘知识并将其放入专家系统的知识库中,由进行知识推理的专家系统得出最终要输出的结论。

四、大数据时代中小企业财务分析的发展趋势

(一)财务分析方法和工具丰富化

在大数据时代,中小企业财务分析的方法将更加多样。在传统的财务分析中,横向对比因外部数据难以获得未能充分发挥作用,在大数据背景下,数据的开放和共享程度加深,通过API、爬虫等技术,外部数据也能够实时获取,这为横向对比提供了数据支撑。大数据背景下,财务分析更偏重相关分析,分析两种或者多种事务之间的相关关系,如在分析企业盈利水平时,运用大数据找出与企业盈利水平的关联因素,加以利用,而不是纠结于"为

什么",因此,财务分析的环节可以往前延伸,将分析更多地用于事前、事中。在财务分析工具上,除基础的Excel外,Python、SQL、SPSS、SAS、BI等分析软件都广泛应用于数据的处理与分析,大大提高了数据分析的效率。

(二)财务分析综合化

大数据时代财务分析不仅是对财务数据的分析,还能够对财务信息、管理信息和市场信息等进行综合性分析。利用先进技术对接不同的信息系统,获取内外部不同的数据,合理处理量化的和非量化的数据,设计不同的财务、业务指标,有效提高基础数据的质量与准确性,以实现业务与财务之间的联动分析,帮助企业及时、准确地发现商机。

(三)财务分析结果可视化

数据可视化是大数据时代下发展起来的一种信息处理技术。在财务分析中,因财务知识专业性强、数据多、分析方法多样等,数据可读性差,且数据使用者难以捕捉到重点。应用数据可视化处理技术,对企业最常使用的杜邦分析体系从偿债、盈利、营运、发展等多个维度进行深度分析,通过柱状图、折线图、气泡图、雷达图等颜色丰富的图形、表格、线条的形式直观呈现,让枯燥的数据变得生动起来,便于不同使用者理解与运用。同时,当企业的实际情况发生变动时,通过财务数据可视化的实时呈现,财务分析人员能够精准捕捉到企业目前存在的风险点,及时发现问题并快速反应,从而降低财务风险和经营风险,提高企业的经济效益。

(四)财务分析形式多样化

1. 实时分析

大数据时代中小企业的财务分析最大的优势体现在能够借助先进的信息化技术实施实时财务分析。只有做到实时分析才能体现智能化,信息才不是滞后的,这样才能帮助企业管理层及时应对内外部复杂多变的经营环境。

2. 个性化分析

大数据时代中小企业财务分析的模型应该是方便扩展的,管理人员可以根据决策的需要，灵活地定制一些具有个性化的财务分析模型，方便管理者主动地、多角度地思考与运用数据，从而满足不同数据使用者的需求。

第四节 大数据时代中小企业预算管理的创新与发展

中小企业预算管理不仅是企业财务管理的一部分，也是服务于中小企业经营活动的重要工具。

一、传统预算管理的局限

（一）忽视战略整体目标

传统的预算管理重视财务目标，预算管理体系中的执行、编制及控制都以财务结果目标预算为导向，不重视现金流指标、成本指标、利润指标等战略整体目标。这些指标自身具有一定的战略性，企业应将实现目标价值最大化作为核心发展目标，但传统预算管理目标未体现出企业的整体战略思想，以及以顾客为导向的战略思想。

（二）预算编制方法不合理

传统预算编制方法是在历史数据的基础上对数据进行增量、减量，但对正确增量和减量没有科学合理的方法，思维及逻辑也不清晰。同时，企业因受市场变化的影响，各项管理活动也受到较大影响，导致企业的预算编制方法与实际经营情况相脱节，预算执行效果不好，难以提升企业预算管理的效果，不利于企业实现预算管理目标。

（三）预算执行难以全面落实到位

预算编制时间跨度长、涉及面广，通常以年为单位，受市场经济影响较大，难以准确预测下一年的所有问题。同时，预算编制还受企业预算管理水平影响，以月为单位的财务预算频率存在信息反馈滞后、预算执行措施调整不及时等问题。由于企业的各项预算执行工作全部建立在制度管理的基础上，而制度执行建立在监督体系、组织架构及考核机制的基础上，并且预算执行没有建立细化的考核指标体系及有效的监督体系，没有对预算执行过程进行及时纠正和指导，给预算执行力的有效落实带来较大阻碍。

（四）缺乏整体规划

传统的预算管理在对企业各项经营管理工作进行整体规划时，没有以企业战略目标为起点，建立在微观市场经济及宏观市场经济环境下，缺乏对企业经济活动的整体规划，导致企业预算管理出现本末倒置的现象，无法确保企业长期战略目标顺利实现。

二、大数据时代中小企业预算管理创新与发展的策略

笔者认为，大数据时代中小企业传统预算管理创新的思路是吸收新的管理思想，融合其他关注组织非财务资源并有助于提升内部管理价值的管理工具，建立以价值创造为目标导向、以平衡计分卡四维度为平台、以作业管理为基础的全面预算管理。

（一）目标导向的转变

传统的全面预算管理以财务预算控制为核心，以"命令—控制"为导向。在这种导向下，企业应按以职能划分的责任中心（部门）编制资源计划，在预算执行中，更侧重于是否突破费用预算。由于它与业绩考核相结合，一方面造成预算编制过程中漫长的讨价还价；另一方面，造成基层执行者不能发挥管理主动性和创造性，不利于人本管理。同时，这种导向的预算管理由于侧重于财务指标的控制，难以把握预算的使用与企业战略和计划的相关性，不能充分诠释企业战略意图，也难以真正准确地衡量企业具体的业绩，不利于企业价值的提高。

以价值创造为导向的预算管理模式的核心是突破单纯的财务指标控制，为实现价值增值的行动方案分配资源，相应的考核不是以超支与否作为评判业绩的标准，而是以是否有效创造价值为依据。所谓创造价值，就是有效地实现企业战略意图。在这种模式下，我们应将企业战略目标指标化，进而形成各指标的目标（这些指标不是单一的财务指标，而是包含大量的非财务指标），并为这些指标的实现确定行动方案，分配资源。行动方案及其所分配的资源用以协助企业战略目标的实现，各行动单元必须为行动申明理由，是

否有利于价值增值、有利于战略目标的实现,进而决定行动的取舍。这既调动了各方面的积极性、创造性,也有效地把预算与企业战略目标联系起来。

(二) 以平衡计分卡四维度为平台

预算作为一项行动指南、资源优化工具,需要一个框架体系。在价值增值这个目标导向下,预算指标体系的设计必须体现企业战略目标,而平衡计分卡为其提供了这样一个平台。平衡计分卡是20世纪90年代初期由Robert Kaplan与其合作伙伴David Norton创建的一套旨在扩展管理者关注点的新的管理会计方法。发展至今,它已成为企业战略管理的有效工具,是一种整合短期行为与长期战略的重要工具。平衡计分卡所设计的指标体系可以向外部利益相关者传递各种结果,有助于企业组织实现其使命和战略目标的绩效动因。作为一种战略管理评价、沟通的工具,它不但要考虑财务指标,还要考虑顾客、内部业务流程、学习与成长三个维度。尽管平衡计分卡最初是作为评价系统而设计的,但现在平衡计分卡已经演化为企业组织充分利用其潜能的一种战略管理系统和有力的沟通工具。将平衡计分卡与预算、报酬等重要的管理过程相结合,有助于企业克服战略实施过程中的种种障碍。

将平衡计分卡与预算程序相联系的大致思路,如图3-6所示。

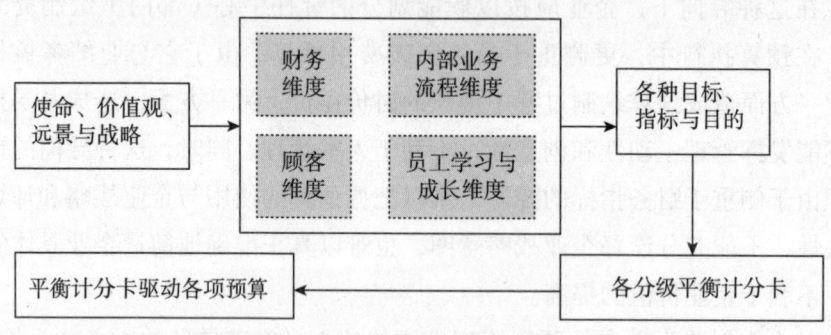

图3-6 平衡计分卡与预算程序的联系

首先,企业组织基于其使命、价值观、远景与战略建立高层次企业平衡计分卡。该计分卡包括一系列相关的目标,运用因果关系说明企业组织的战略。其次,围绕着高层次的平衡计分卡,业务部门、共享服务单位甚至员工个人建立自己的平衡计分卡,说明他们如何影响企业目标的实现。每一个分级平衡计分卡包括四个维度的目标、指标和目的,还包括每个团队为了实现目标而实施的各项行动。通过对目标、行动的时间、组织分解所建立的平衡计分卡，为资源的有效分配提供了舞台。

（三）以作业管理为基础

良好的战略目标及当期目标最终都要落实至具体的行动及行动团队。传统预算是每个职能部门或支出类别的成本预算，重点在于成本的构成要素，如材料、人工、制造费用等，业绩目标仅仅传递到资源层次，关注所投入的资源；传统预算强调各部门相对独立的权、责、利，每个部门的个体都只关注部门利益的最大化。另外，传统预算以成本习性为基础，强调变动成本和固定成本的划分，重视变动成本的控制。传统预算将导致上年的无效率依然保持、忽视部门之间的合作、无法说明目标如何实现、资源分配的模糊性，使预算无法指出可以消除的成本和浪费的作业及业务，也无法说明多余工作的负担所在，也就无法减少其消耗。以这样的预算作为行动指南，不能把人们的行动指向价值的创造、战略目标的实现。

近年来，作业成本计算法作为一种将间接成本和辅助资源更准确地分配到作业、生产过程、产品、服务及顾客中的成本计算方法，已被会计界普遍认同，并进一步升华为以价值链分析为基础、服务于企业战略需要和增值目标的作业基础管理。由于在企业管理上的重大开拓性而被企业界广泛接受。但是，中小企业在预算管理中仍采用传统的按职能编制预算的方法，这必然导致对按作业报告的实际成本与按职能确定的预算成本之间的不协调，也不利于预算的控制，不利于价值的创造。

作业基础预算是确定企业在每个部门作业所发生的成本，明确作业之间的关系，运用该信息在预算中规定每一次作业所允许的资源耗费量。战略目标和职责的落实是依靠每个分级体系的作业或流程，而不是依靠组织机构。以平衡计分卡四维度为平台的价值增值目标，经过高层管理者到基层作业中心之间充分的沟通、分解，最终落实到各个作业中心。把预算落实到作业基层，可以帮助每个作业成员更好地理解所从事的作业和业务流程。以预算形式表现的价值驱动计划提供了实现价值创造的特定技术，大大提高了预算的准确性及预算执行、控制的可操作性。

此外，以作业为基础的预算可以促进作业管理的有效进行。作业管理就是利用作业信息进行战略性和经营性决策，对增值作业进行评价，其基础是价值链分析。价值链分析是通过分析作业链上的作业对最终产品价值的形成是否必要来消除不必要的非增值作业。通过对作业预算执行情况的预算控制可以有效地促进作业管理。预算控制可分为两种形式：一种是前摄性控制，另一种是反馈式检验。前摄性控制是面向未来的控制，包括在作业预算的编制过程中设定经营目标、业绩计量标准及业绩评价与考核标准。它是建立在流程优化和作业分析基础之上的，其实质是通过作业链的分析确定本期最优的作业组合，是对作业管理的理想预期。反馈式检验是对预算的实际执行情况进行计量，将计量结果与责任预算标准进行对比，及时反馈出现的偏差，通过反馈式控制检查作业管理的成效，并为作业管理提供信息依据。

三、大数据时代中小企业预算管理云平台的构建

笔者立足于中小企业实际情况将预算管理与大数据技术结合，探析中小企业预算管理云平台的构建，运用云数据大量储存与目标关键词识别分析等技术，实现所需结构化数据与非结构化数据实时抓取、信息共享的目标，为中小型企业提供无须特定软硬件条件，不依赖工作环境的预算管理云平台。

（一）中小企业对预算管理云平台的需求分析

1.中小企业对预算管理云平台基础需求分析

中小型企业预算管理云平台的基本功能应满足企业常规预算管理需求，须具备数据采集、数据分析、数据输出的功能。

（1）数据采集功能。为使预算管理云平台对中小企业实施全面预测，需要将所有业务涉及的数据进行归纳与收集，为后期平台预算提供数据基础。因此，预算管理云平台应满足中小企业对数据采集方面的需求，保证数据收集的全面性与完整性。

（2）数据分析功能。企业间的激烈竞争要求企业管理者能够准确、全方面地对收集到的数据进行分析，挖掘企业经营、决策、预算的相关信息，做出正确的企业预算。所以，预算管理云平台应作到对收集到的数据进行横

向、纵向及多维分析，保证对数据分析的准确性。

（3）数据输出功能。预算管理云平台不仅应具备对中小企业日常经营活动中产生的数据进行收集与分析的功能，还应做到自动生成预算编制、预算执行和预算分析报告，具有能将云平台数据导出的功能，使其他相关平台可以与预算管理云平台实现业务对接及数据统一。因此，预算管理云平台应具备数据输出功能。

2.中小企业预算管理云平台必要性需求分析

预算管理云平台所针对的用户是各个中小型企业，为满足用户的使用需求，对系统的功能性提出较高的要求，具体如下。

（1）可调整性。我国中小企业涉及领域及经营范围不同，预算管理云平台应满足不同企业间的需求，在不影响云平台操作的基础上，根据不同企业的实际情况可对系统模块进行删减和调整，以满足不同中小企业日常预算管理的需要。

（2）实时性。预算云平台采用SaaS(软件服务)、IaaS(基础设施服务)、HaaS（硬件服务）、DaaS（数据服务）和PaaS（平台服务）相结合的模式设计，用户通过浏览器访问云平台，即可获取相应服务。为了保证数据的准确性与及时性，云平台应具备实时性的特点，在权限允许的条件下，平台的数据传送应做到点击上传即共享，最长响应时间应不超过10秒。

（3）安全性。预算管理云平台服务对象为中小型企业，为避免平台中的预算管理信息及财务数据泄露或丢失，预算管理云平台应采用角色授权、指纹认证、数据加密等技术加强预算管理云平台中数据的安全性。

（二）中小企业预算管理云平台框架构建

基于全面预算管理云平台的建立具体流程主要分为三个系统，即预算操作系统、数据处理系统和结果评价系统。其中，预算操作系统以中小企业的总体目标为基础进行预算编制、预算执行与预算调整；数据处理系统对中小企业内所有数据进行统一收集、整理以及为预算流程提供数据基础；结果评价系统根据企业预算实际执行数与期初预算编制数进行对比分析，呈现本年度预算执行结果，并对预算结果做出评价。预算管理云平台利用大数据技术构建四个层面服务于这三个系统：软件应用层服务于预算操作系统；基础设施与硬件层、数据层服务于数据处理系统；平台层服务于结果评价系统。具体框架如图3-7所示。

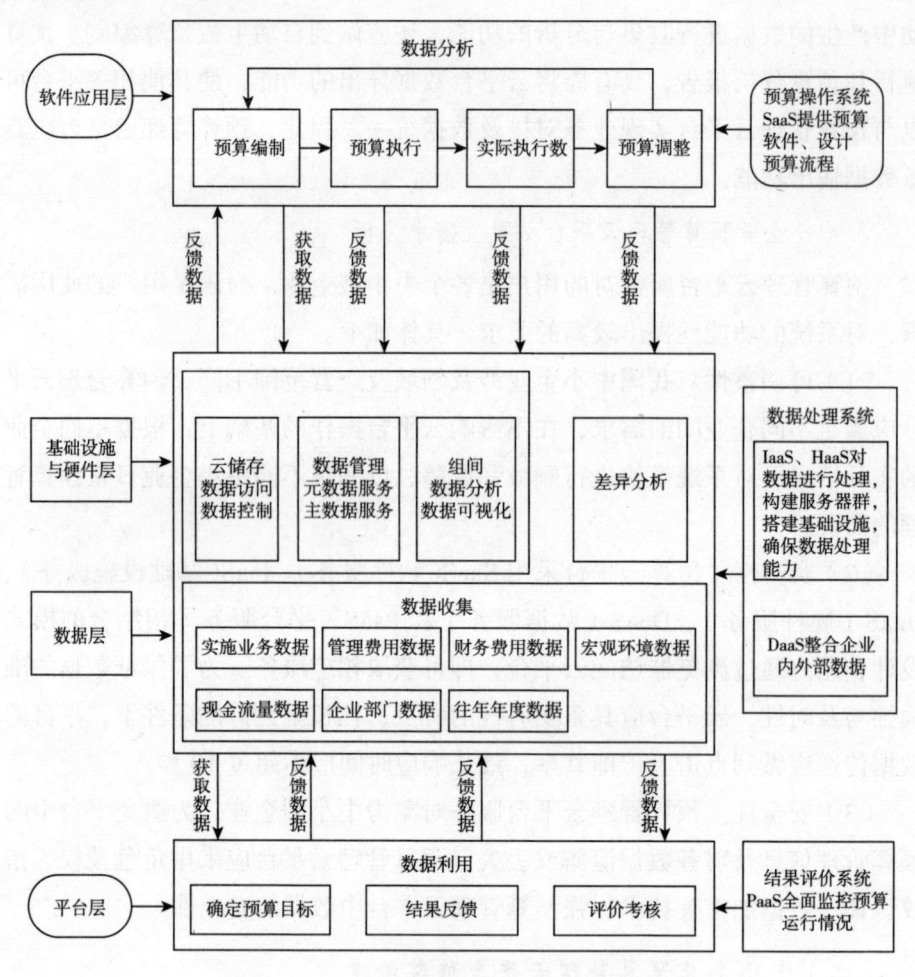

图3-7 中小企业预算管理云平台基本框架

1.软件应用层

软件应用层采用SaaS终端软件，通过统一门户提供云计算的全面预算管理应用服务。中小企业无须购买硬件、建设机房，通过开通企业SaaS服务权限、登录SaaS终端软件、录入企业相关信息，即可从云平台获取经营预算投资预算、财务预算等相关预算模块。企业也可根据自身特点设计完整预算流程，实现从预算编制到预算评价的全过程服务。为保障SaaS与预算管理系统相结合，还要依托于IaaS、HaaS和DaaS技术，提供企业动态的会计信息与预算执行信息，实现软件应用层模块专属定制，包括预算编制中心、预算操作中心、预算调整中心以及其他预算相关业务中心服务。[1]

利用PaaS大数据、云技术提供的结构化数据与非结构化数据实施预算管理，可以使中小企业的预算管理信息更加真实完整，实现销售、生产、采购、费用等所有预算表单的填制，并根据预算之间的逻辑关系自动生成预算数据。例如，在编制项目预算时，可通过DaaS系统和HaaS系统提供的相关数据选择最优合作商，对项目部门上报的数据作出分析评价；在预算执行与控制中，中小企业通过云平台与生产部门、人力资源部门、采购部门、财务部门等实现系统集成，全面把控整个单位预算执行过程，实现业务的事前、事中、事后全局控制；在预算分析方面，传统的全面预算管理系统是采用事后分析的方法，无法对预算执行过程中的业务事项作出相应的反馈。基于大数据预算管理体系，对预算管理人员分享至云平台的预算编制数据，云平台将自动分析出整个预算执行过程中可能存在的风险点，采用分级处理方式，对较高风险项目进行实时监控，对低风险项目弱化监控，并可层层追溯数据来源，显示数据差额，从而提高预算管理实用性。同时，平台会以财务数据和非财务数据为基础，自动生成分析报告，给出分析预警信号。[2]

2. 基础设施与硬件层

基础设施与硬件层利用IaaS虚拟化的基础设施资源构建服务器集群，分析、处理预算所需数据，为全面预算管理系统提供有效的数据基础，也提供企业的硬件设施搭建服务、基础设施维护服务以及财务数据备份服务。由于中小企业自身的资本和能力有限，企业产品要经过谨慎筛选再进行生产和销售，对于销售地区与网点也要经过严格调研；鉴于市场变化快、同类替代品较多的特点，中小企业更需准确、及时地获取和分析宏观环境及历年市场变化情况信息，以便为下一年作出更准确的预算。IaaS服务器集群的分析处理技术和挖掘技术可以满足中小企业对数据处理的需求，通过横向、纵向以

---

[1] 姜慧. 浅析使用金蝶ERP进行会计核算流程[J]. 财会学习，2018（32）：96，98.
[2] 马海涛，肖鹏. 现代预算制度概念框架与中国现代预算制度构建思路探讨[J]. 经济研究参考，2015（34）：3-10.

及不同维度对企业所处的市场情况、经营情况进行分析，找到关联点及影响因素，提高数据分析的执行速度和效率，为企业管理者提供预算参考。

HaaS为预算管理平台硬件层提供更多的基础构架容量服务，相比管理者为企业购买和安装新硬件设施，HaaS技术可以构建基础框架，为企业节约时间与人力成本。HaaS通过构建信息服务器集群——建立云平台数据仓库和数据集市，进行企业内部数据读取和外部数据抽取，去除"脏的数据"，保证数据的质量，建立相对稳定的、反映历史变化的数据仓库。通过数据集市对高质量数据按特定的业务或部门进一步整合，可精细中小企业预算管理对数据的分析和应用，增强现有计算机的弹性计算能力，加快预算管理系统的处理速度。

3. 数据层

数据层通过DaaS技术利用数据集中化原理，多渠道收集中小企业预算管理数据信息。预算管理数据信息主要由实时业务信息和实时财务信息构成。实时业务信息包括生产经营活动中的资源消耗情况信息和转换交易情况信息，如产品生产、产品升级、产品交易信息等，中小企业预算管理云平台采用DaaS技术可以对业务信息中呈现的文字、图片等非结构化数据进行多渠道收集；实时财务信息是收集所有由业务信息产生的企业资金变动的信息，包括人工成本信息、资源成本信息、设备维修信息等。原有预算管理系统对数据的收集主要来自企业内部的财务信息和已公开的外部信息，而DaaS系统对数据实时抓取功能为各种信息的获取提供便捷，给予预算管理数据的及时性与完整性。[1]

4. 平台层

软件应用层利用PaaS技术进行中小企业预算执行的全面监控，通过PaaS技术对各部门上传的预算执行数据实施监控，将预算执行数与预算编制数对比，分析预算偏离原因并给出预警信号。在不同的部门中，根据操作人员的权限，显示不同的业务数据及分析结果，以表格或图形将分析报告进行呈现，方便各部门作出调整并监控各业务模块的正常运行。在此基础上，

---

[1] 刘国平，唐大鹏.教育部直属高校内部控制制度建设框架设计[J].财会通讯，2019(32)：114-117.

PaaS为预算管理云平台提供了新框架，旨在负责开发预算管理系统新应用和新服务，中小企业可开发或自定义基于云的应用程序，减少了企业构建基础设施的成本。①

（三）云平台下中小企业预算管理流程体系优化

1.中小企业预算编制体系优化

在预算编制内容上，相比传统预算管理编制以销售、利润等为核心，云平台下的预算编制以中小企业战略目标为核心，实现了中小企业各个部门均参与到预算编制中的效果。中小企业各部门根据自身业务情况，在预算云平台中选择不同的预算编制模板，如中小企业科研部，每年的科研项目关联性不大，则可以选择零基预算模板；项目部门，由于项目持续时间较长，则可选滚动预算作为编制模板，利用系统中提供的财务数据与非财务数据实施部门预算编制。在编制流程上，中小企业传统预算编制流程一般采用自上而下的编制模式，这一编制模式存在一定的缺陷，不能发挥各部门管理的主动性与创造性。预算管理云平台采用上下结合的预算编制模式，让各部门参与其中，有利于预算的执行，体现"人本"思想，同时预算管理云平台编制数据在权限开通的情况下实时分享，减少了企业内部"任务层层下达，审批层层上报"的工作流程，在系统上缩短了预算编制周期，提高了整体预算编制水平。具体流程如图3-8所示。

---

① 杨春景."互联网+"对中小企业会计创新发展研究[J].财会通讯，2019（13）：98-102.

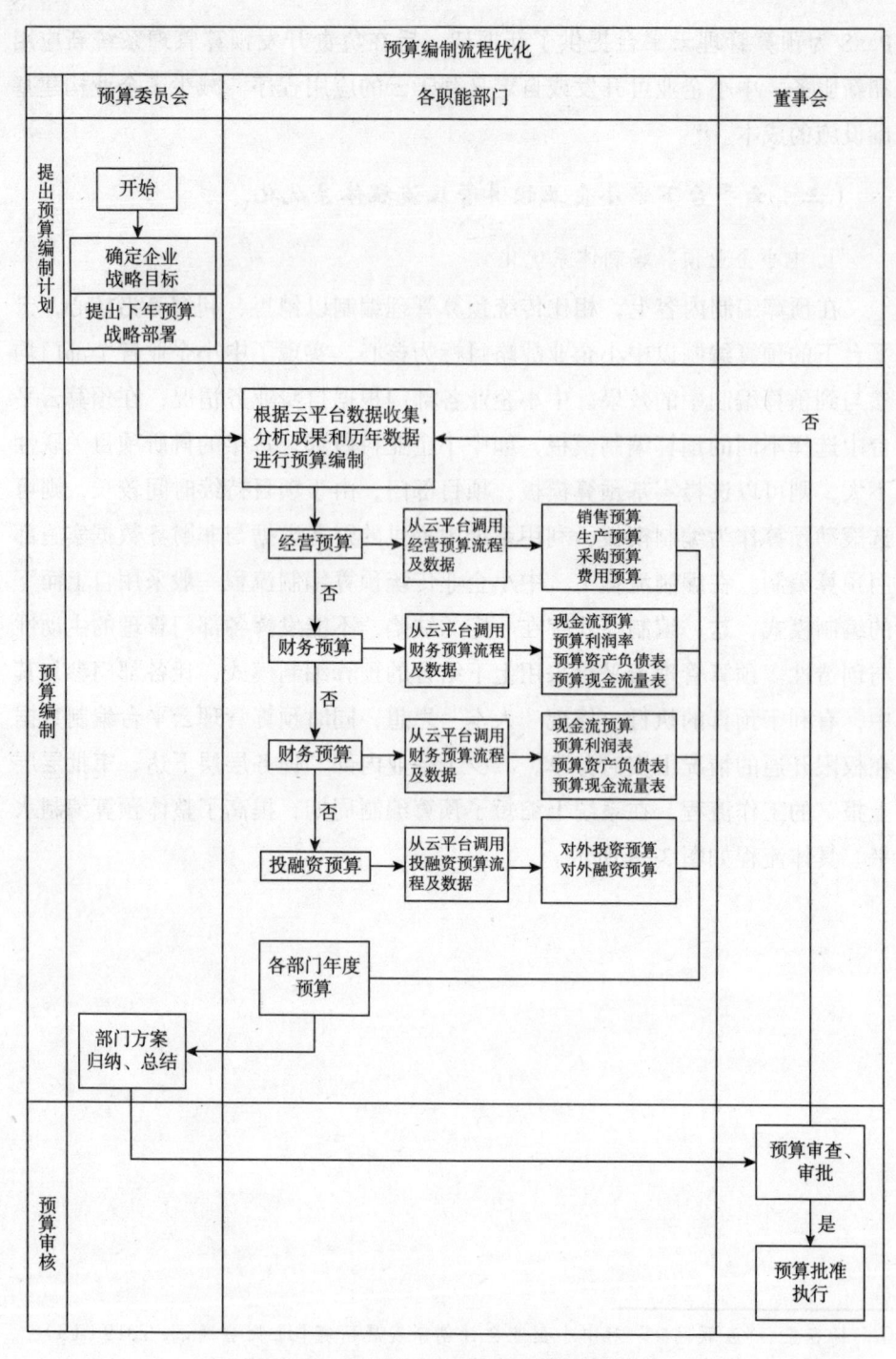

预算编制流程优化		
预算委员会	各职能部门	董事会

提出预算编制计划：开始 → 确定企业战略目标 → 提出下年预算战略部署

预算编制：
- 根据云平台数据收集、分析成果和历年数据进行预算编制
- 经营预算 → 从云平台调用经营预算流程及数据 → 销售预算/生产预算/采购预算/费用预算
- 否 → 财务预算 → 从云平台调用财务预算流程及数据 → 现金流预算/预算利润率/预算资产负债表/预算现金流量表
- 否 → 财务预算 → 从云平台调用财务预算流程及数据 → 现金流预算/预算利润表/预算资产负债表/预算现金流量表
- 否 → 投融资预算 → 从云平台调用投融资预算流程及数据 → 对外投资预算/对外融资预算
- 各部门年度预算 → 部门方案归纳、总结

预算审核：预算审查、审批 → 是 → 预算批准执行；否 → 返回

图 3-8 云平台下中小企业预算编制流程

2.中小企业预算执行流程优化

原有预算执行分析体系,是根据预算编制文件的下达,各个部门根据预算编制内容开始生产经营活动。当预算执行数与预算编制数不符时,无法对预算差异作出分析,无法及时调整预算,导致年终预算执行实际情况与预算编制内容相差甚远,达不到预算管理的效果。采用云平台对中小企业预算执行系统进行优化,可以做到及时分析中小企业预算执行过程中产生的差异,解决传统预算执行体系中存在的问题。例如,由宏观政策、行业变化产生的差异,部门可反馈到预算委员会实施弹性预算调整;由关联企业,即上下游企业发生变化,预算执行部门可根据市场和企业内部情况调整预算执行计划。云平台的实时共享功能,可将相关数据反馈给关联部门,各部门根据反馈数据结合实际情况及时进行调整,防止部门间信息不对称的情况。预算执行体系如图3-9所示。

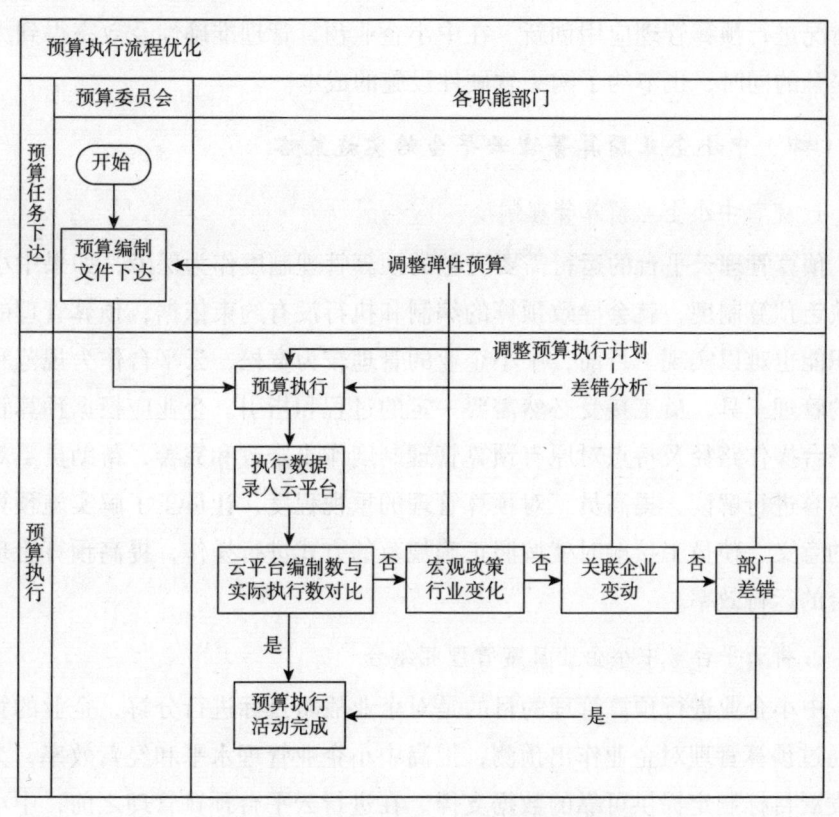

图3-9 云平台下中小企业预算执行流程

3. 中小企业预算评价流程优化

在部门执行预算的过程中，云平台既是数据分析中心也是评价中心。传统预算评价系统由于在预算执行过程中不能及时调整，使预算执行与预算编制存在较大差别，导致预算评价体系只能对相应财务指标进行评价，难以获得真实有效的评价结果。因此，中小企业可在原有评价基础上将平衡计分卡与云平台结合对预算执行结果与预算目标展开评价，根据经营领域及实际情况在财务、客户、流程、学习与创新这四个维度下分别设定具体评价指标。例如，在财务维度下可设置资产负债率、投资收益率等指标，客户维度可选择客户满意度、投诉率作为评价指标，做到从财务与非财务、结果与动因、外部与内部、客观与主观四个方面综合地对中小企业预算全过程进行评价。

大数据环境下全面预算管理云平台的设计，可使中小企业的预算管理情况产生良性变化：一方面对现已存在的问题作出修改，另一方面根据企业实际情况进行预算管理应用创新。在中小企业预算管理准确性及效率得到大幅度提升的同时，也节约了购买软硬件设施的成本。

（四）中小企业预算管理云平台的实施策略

1. 完善中小企业预算管理制度

预算管理云平台的运行需要完整的预算管理制度作为保障，如果中小企业缺乏预算制度，就会导致预算的编制和执行没有约束依据，预算管理的许多职能也难以实现。目前，中小企业的管理较为宽松，云平台作为规范和新兴的管理工具，员工接受必然需要一定的过程和指引。企业应根据预算管理云平台操作路径及特点对原有预算管理制度作出修改和完善，帮助员工对修改内容进行解读，提高员工对预算管理的重视程度，让员工了解实施预算管理的意义，使员工接触时就按照正确规范的方式进行操作，提高预算管理云平台的运行效率。

2. 将云平台与中小企业日常管理相结合

中小企业进行预算管理的目的是对企业战略目标进行分解，企业的管理者通过预算管理对企业作出预测，提高中小企业管理水平和经营效率，为企业发展目标制定提供可靠的数据支撑。在进行云平台预算管理之前，中小企业并没有一个完整系统可以将各部门的数据进行录入，导致数据统计不够全面，不能为预算管理提供较为准确的数据支持。预算管理云平台可以为企业提供良好的数据支撑与统计，但需要企业各部门相互配合，提供并录入基础数据，如产品的种类、成本的统计以及销售状况等相关资料。因此，中小企业应将预算管理云平台与企业日常管理相结合，使各部门形成良好的习惯，在业务发生时就将相关信息录入预算管理云平台，以保障预算管理的实施。

3. 建立预算管理奖惩机制

根据预算管理云平台全员负责制的特性，应将企业绩效评价结果与个人绩效考核相关联，起到对预算评价的导向作用。为了便于建立预算管理奖惩机制，中小企业应该设置科学合理的奖惩实施细则，规定奖惩的级别与类别，将个人对预算管理的贡献值进行分类，将预算执行和具体业务操作规范的量化指标作为员工绩效奖金的发放依据，经部门责任领导、预算委员会等审核后，交由相关行政部门根据具体实际情况在年末发放奖金。建立预算管理奖惩机制对避免员工在预算编制和执行过程中产生错误、规范具体执行流程起到关键作用，可提升全员参与预算的积极性。

4. 提高中小企业人员专业技能

中小企业过去的预算都是由财务部进行统筹管理，各部门没有给予预算管理足够的重视。预算管理云平台的产生，使各部门发生的业务直接对接预算管理云平台，这就需要在各部门中拥有既精通业务又了解云平台预算管理框架的员工。为了保证预算管理云平台的顺利实施，企业在对员工进行培训时，既要加强主要业务知识的培训，也要加强对财务、预算方面知识的培训，让员工充分认识到预算管理对于企业的重要性，只有这样才能使预算管理云平台在企业管理中起到良好的控制与预测作用。

四、大数据时代中小企业预算管理的发展趋势

大数据时代虽然没有改变中小企业管理的实质，但是从根本上更新了信息获取、分析、传递、处理等方式。就企业全面预算管理来看，大数据时代，中小企业全面预算管理从战略目标分解到预算调整，再到分析、考核等，其管理流程并没有更新，但大数据促使基础数据、数据来源等发生了根本性的变化，使中小企业全面预算的编制数据更为丰富。

（一）预算控制更准确

在现有企业预算管理模式下，中小企业信息数据之间的动态联系普遍较少，企业财务人员疲于应付大量数据处理工作，预算管理无法发挥其预期效果，难以为企业经营决策提供有效指导。由于缺乏行之有效的企业数据共享平台，预算管理各环节都需要人工信息传递及手工编制，无法及时控制，更易导致预算执行与实际情况产生偏差。大数据时代的全面预算管理，利用互联网对企业大数据进行抽取与处理，形成企业行业数据、历史执行数据、对标数据等各项重要数据基础，全面提升预算编制精准性与科学性；利用整合后的大数据，重新构建预算分析来源并融入对标分析内容，能够为中小企业管理决策提供更为全面的数据支撑。

（二）预算编制个性化与动态化

中小企业全面预算管理的不同环节互相制约与影响，在大数据时代，传统的企业管理模式已经无法满足经营生产需求，基于大数据的全面预算管理则将企业海量数据利用云端汇聚到相关部门，实现预算编制个性化、预算分析科学化及预算控制精准化。企业可充分结合自身需求和现存资源，有效利用市场中的海量数据，针对性地编制不同部门的预算，将各个部门有效联结起来，构建起动态、实时、个性化的预算管理。在预算管理执行过程中，由于经营条件、政策法规、市场环境等发生变化而导致预算执行结果产生偏差的，可有效调整预算，利用企业和企业储存在云端的大量信息数据资源，合理编制预算调整方案，进行有效控制。

（三）预算分析转变为事前

中小企业预算管理工作需定期对预算执行情况展开分析与总结，进而找出提升经营管理效率的路径。传统预算分析模式通常为事后分析，若进行事前预测，所分析的数据多为已定事实，等数据已经出炉后再实施事后分析，无法及时获取市场动态。在大数据环境下，企业预算分析能够实现对企业未知市场情况的预测，企业业务发生的同时，各项数据被汇聚到网络云端，分析出实际数与预算数的差距，通过与其他企业的对比形成预算分析报告，进而提升预算分析的科学性与准确性。

第四章　大数据时代中小企业人力资源管理的创新与发展

第一节　大数据时代企业人力资源管理概述

一、传统人力资源管理面临的挑战

自 18 世纪后期工业革命开始，人力资源管理便得到了充分发展。从早期的工会、人事部，到 1954 年知名管理学大师彼德·德鲁克首次提出人力资源的概念，到人力资源战略管理，再到人力资源业务伙伴，人力资源管理越来越被人们重视，在企业中的地位越来越高，成为企业经营发展中必不可少的一个组成部分。

人力资源管理的发展分为以下四个阶段。

第一阶段，行政事务性的人力资源管理。在这一阶段，人力资源管理的主要职责是行政和事务性的工作，人力资源管理的效能主要体现在效率的提升。

第二阶段，职能专业性的人力资源管理。在这一阶段，强调人力资源管理在报酬奖励、人才搜寻、学习沟通等方面的创新实践设计，人力资源管理的效能主要体现在最佳人力资源管理实践与企业高匹配度的创新和整合。

第三阶段，战略性的人力资源管理。在这一阶段，要求人力资源管理将人力资源工作同企业的战略或业务目标关联起来,以促进企业成功经营。人力资源管理的效能体现在它是否能够在企业战略与人力资源管理的行动之间建立起清晰的关联路径,它的信誉来自战略制定过程中的参与及贡献。

第四阶段,由外而内的人力资源管理。在这一阶段,要求利用人力资源管理的政策流程等实践活动来促成某些外部经营条件的变化,以及对外部变化及时作出回应。人力资源管理的效能将体现在客户占有率、社会声誉、投资者信心等方面,人力资源管理的信誉不仅来自企业内部要求,还来自企业外部相关角色的意见。

上述阶段层层递进的关系反映出,随着技术的变革、组织的增长、人才的稀缺,企业经营对人力资源管理的要求是越来越高、越来越专业、越来越严格,人力资源从业者面临的挑战也越来越大。目前,中小企业的人力资源管理普遍存在以下特点。

(1)多数中小企业的人力资源管理以事为中心,把人视为一种成本,当成一种工具,注重的是投入、使用和控制,而没有把人视为一种资本,建立以雇员为核心,以服务为导向的文化,把企业打造成人才发展的平台。

(2)多数中小企业的人力资源管理缺乏人力资源规划及其相关政策,企业把大部分精力放在与公司内部员工有关的事情上,忽略了同外部客户的联系,没有制定符合企业发展的、可以预测未来企业任务和环境的人力资源策略。

(3)多数中小企业的人力资源管理在公司层面的人才统筹上存在一定的困难。因职权和工作角度限制,人力资源部门与一线业务部门在战略方面的沟通上很难做到高度一致。公司高层领导因业务困扰,无法将全部精力放在人力资源部门工作的开展上,同时人力资源部门业务专业度不足,在高层面前说服力不够。

(4)互联网的发展使得获取信息的成本降低,以自我感受为主的新生代开始进入职场,这些都给企业人力资源的管理带来了新的挑战。部分中小企业没有意识到人才是企业的资本和核心竞争力的来源。如何创造吸引最佳雇员的企业文化,如何建立高效的人力资源管理流程,为员工提供良好的工作体验,以保留和激励最佳雇员,这些都是人力资源管理工作的重中之重。

综上所述，现代企业人力资源管理应该在定位上、技术上以及行为上尽力作好转变和准备，以迎接更大的挑战。大数据的出现，为人力资源管理创造了新的发展契机。这种将各类结构化和非结构化数据融合在一起的思维方式，能够帮助人力资源领域的各个模块整合在一起，形成一个完整的系统，以促进人力资源管理在技术和理念上的科学化、数据化与高效化。

二、大数据时代企业人力资源管理的变革

（一）大数据应用使企业人力资源管理互联网化

大数据的核心要素之一便是数据量庞大，海量的数据规模是大数据分析的前提。但是企业单方面产生的可以存储的内部数据并不足以支撑"大"的要求，故将企业内部的人力资源管理系统同外部网络进行有效联动，形成数据库。一方面可以拓宽人力资源管理系统中的数据来源，获得更多可参考的数据；另一方面可以将内部数据同外部数据做有效结合，使人力资源决策更加精确。比如，将员工通过外部社交软件产生的信息同人力资源管理系统进行联动，便可判断员工低绩效原因、稳定性等内容，以便进行有效的员工关怀或者激励。

但是人力资源管理的互联网化同样也给企业的人力资源管理系统带来了更大的挑战和要求。既要求系统有可支撑海量数据的存储空间，又要求提升该系统的信息采集能力，还要求生成科学有效的算法以及数学模型，去实现数据的计算和分析。大数据使人力资源管理互联网化，既是一种必然，也是一种挑战。

（二）大数据应用为人力资源工作提供全面量化依据

利用大数据的分析方法，复杂的人力资源系统可以收集到更多的信息，这些信息有行为方面的信息、视觉方面的信息、语音视频方面的信息、文本文档方面的信息。当这些信息汇总整合在一起，进入数据库，便可以实现组织人事工作的全面量化。通过对这些量化的数据建立合理的算法进行反复的深度挖掘，便可以真正体现人力资本的概念。这个时候人力资源不再是一种信息资本，而是一种可以帮助企业持续有效运转的人力资本，是一种可以为组织发展提供战略预判能力的营运资本。

(三)大数据应用为员工服务创造更有利的条件

在大数据时代,人力资源信息系统不仅由人事部门和信息网络部门主管维护和应用,而且将更向普通员工靠近。打破传统的层级式汇报的组织模式,员工既可以与企业管理者之间通过社交软件或平台互动,产生更多的交互性数据,创造更好的工作氛围,也可以参与组织的人力资源管理工作,对企业在发展和经营过程中的问题给予更多的建议或意见,促进相关部门建立更加规范的制度和流程,还可以打破部门壁垒,促进部门间的协作,提高工作效率。同时,人力资源部门以及部门管理者可以通过这些信息的反馈和互动,优化组织结构,给予员工更多、更及时的关怀和服务,从而调动员工工作积极性。

(四)大数据应用能够建立有效的人才数据管理模型

在大数据时代,技术的更新使人与人之间的连接更加简单和直接,数据无处不在。在这个时代,人才的能力、特质、行为都可以用数据来描绘和衡量,员工的大脑不再是信息的载体,而是变成可以随时调用的数据,人才的核心竞争力已然异化,数据这一核心资产日益得到重视。当我们把这些无处不在的信息录入电脑终端存储为数据,建立有效的人才数据管理模型,分析和导出结果,大数据便为人力资源管理创造了巨大的价值。

(五)大数据促使人力资源管理手段更加先进

大数据技术引发了人力资源管理方式的更新。

第一,借助大数据技术实施人力资源管理活动,促进管理手段革新。例如,利用大数据多维数据仓库功能创设模型,凸显人力资源分析的科学性与有效性。在人力资源管理中,可依托大数据深入分析员工离职迹象。以往管理者通常将绩效下降、考勤情况视为员工离职的迹象,这种分析方法费时费力,有很强的主观色彩,况且出现这些迹象时,员工离职的意愿已基本成熟,要想留住这些员工难度极大。如果依托大数据全面而深入地分析员工的个性、优势、职业意愿等因素,建立相应的数据库,便可提前判断员工离职的可能性,及时采取应对之策。

第二,大数据技术促进人力资源管理方法变革。大数据技术能使管理者能够便捷地获取所需信息,为人力资源管理提供依据。例如,海氏分析法就是大数据技术应用于人员测评的一种方法,其测评结果极具参考价值,受到业界的高度认可。我国的"北森测评模型"也是大数据技术应用于人员测评的典型。此外,人力资源管理虚拟化进程加快,人力资源非核心职能的外包业务迅速发展,便于人力资源部门专注于核心职能业务,避免管理者时间与精力的分散,从整体上提高了管理效率。

(六)大数据助推企业人力资源管理模式与组织架构升级变革

人力资源管理模式与组织架构的建立与完善是一项不容忽视的工作,是企业信息化管理的内在组成。进入大数据时代,创新人力资源管理模式与系统,强化大数据的运用,是人力资源管理面临的新挑战。

第一,人力资源孤岛现象正逐渐减少,碎片化信息整合力度加强。在过去,人力资源管理以人员招聘、员工培训、入职和离职管理等为核心业务,这些业务中产生的信息属于结构化数据,各方面的业务信息具有相对独立性。在各项业务的开展过程中,管理人员面对业务交叉的情况,往往只是进行碎片化信息管理,缺乏一个综合的信息管理系统,大部分工作陷于具体的、重复的烦琐性事务中。另外,一些人力资源管理人员并不具备较高的专业素质,管理制度陈旧,导致人力资源管理质量大打折扣。大数据技术促进了人力资源管理模式的优化,将组织中每一个岗位单元链接成为有序、高效的整体,促进碎片化信息的整合。

第二,以往以岗位为核心的人力资源管理模式已难以适应现代企业发展需求,而以能力为核心的管理模式强调的是对人才的管理,与企业战略高度契合。在人力资源管理中要促进能力与岗位的结合,提升能力的地位。企业内部各岗位都与特定的工作内容和任务相对应,企业内部成员都有一定的岗位,这种以岗位为核心的人力资源管理模式对于企业发展具有积极作用。在知识经济时代和大数据时代背景下,以岗位为核心的管理模式表现出明显的不适应性。对于数据分析师而言,既要具备突出的数据处理能力与高效的分析方法,更要有高瞻远瞩的眼光和洞察力,科学把握行业发展趋势与企业走向,而其洞察力的培养并非轻而易举之事,需要持续学习,提高自身素质。构建以能力为核心的人力资源管理模式,坚持能力与岗位相结合,提高员工的胜任力，是新时期人力资源转型的需要，也是企业获得发展动力的需要。这种新型的人力资源管理模式，在人员招聘、薪酬制度、绩效评估、个体发展职业方向等各个业务环节都突破了旧有模式的桎梏，突出与能力的联结。在这种新模式下，人力资源管理的焦点将由工作任务转变为具有能动性和创造性的个体，更加关注员工能力的再造与提升，促使员工能力与岗位需求高度契合。

第三，企业人力资源管理组织结构向扁平化方向发展。在传统模式下，人力资源主管与基层员工的沟通极为有限。在其掌握的员工信息中，仅仅是来源于员工自身的基本信息，其他信息则主要从组织外围或组织上层获取。依托大数据，建立"扁平化"组织结构，便于管理者与基层员工沟通交流，特别是借助互联网传递工作信息，这样能显著降低成本，实现人性化管理。

（七）大数据促进人力资源从业者角色的转变

大数据时代的到来给人力资源从业者带来了新的视角和思路。从传统人事管理到战略性人力资源管理，再到由内而外的人力资源管理，企业对人力资源从业者要求越来越高，要求人力资源从业者无论从战略角度还是底层执行都有根本的转变。总而言之，大数据时代企业人力资源从业者的角色转变主要体现在以下两个方面。

1. 从收集者到决策者

在传统的人力资源管理中，人力资源从业者是数据的收集者和统计员，负责收集员工工作表现等方面的相关数据。而在大数据时代，这些数据不再需要他们主动收集，取而代之的是由员工在人力资源信息系统或者是社交平台上自动提交或生成。人力资源从业者要做的是从大量的数据中剔除不必要的因子，建立有效的算法和模型，达成可以使人力资源管理过程更加规范化、精简化的结果。

2. 从幕后走向前台

大数据时代的到来，使企业间的竞争更加透明激烈，一方面激发了外部环境的不断变化，另一方面加剧了产业间的融合。尤其是对于一些互联网行业来说，它们处于快速变化的环境中，战略周期越来越短。作为企业内外部有效互动的联结者,战略人力资源管理的概念越来越多地被提及。以预测为核心的大数据思想,是这一概念得以应用和发挥作用的优渥的土壤。

在大数据时代,相关关系是大数据思维的核心,人力资源从业者不一定需要挖出企业人才流失或人均效能低下的原因,而是要通过数据分析找到影响战略达成结果的因素并改进,并分析企业中关于人才与业务经营有关联的数据,提出更加契合企业发展的战略。具体体现在以下两个方面:一方面,在企业环境和组织目标都不确定的情况下,通过大数据的技术和资源分析预测企业将面临的挑战,并制定相应的人力资源策略,动态地管理人力资源需求和供给,作好风险的防范;另一方面,人力资源管理的角色可以从战略、流程、发展规划、常规运作四个角度分成战略伙伴、变革推动者、职能专家、员工支持者四种类型,以促进内外部高匹配的配置,提升效率,促使人力资源管理真正实现"从幕后走向前台"。

总而言之,在这个时代,现代企业的人力资源从业者无论是选择主动适应变化还是被动迎接时代的挑战,都必须面对大数据这个既是契机也是工具的新事物给我们带来的挑战,都要做好思路和视角的转变,把握住机遇,不断创造新的价值。

三、大数据在人力资源管理领域应用的阶段

大数据在人力资源管理领域的应用,大致会经历以下四个阶段。

(一)反应阶段

这一阶段主要是收集和呈现各类数据。关注点是:一些用来解释如何进行人力配置、衡量工作群体状况的数据,如绩效数据分布、招聘成本、员工基本信息、离职率、培训时长等。这些数据可以用传统报表做基本运算。

(二)主动阶段

这一阶段主要是以数据分析为主。关注点是:流动率、研发效率、人均销售收入、人均人事费用率;比较和改进人力资源管理;展示趋势和分析数据;动态数据和相关关系分析。

（三）战略阶段

这一阶段是以与战略相连接为主，主要关注点是：理解战略驱动因素；建立战略与人力资源的联系；建立战略驱动的人力资源能力素质模型；数据切割、聚焦业务、因果分析。

（四）预测阶段

这一阶段主要是以预测为主。关注点是：通过数据模型的运用，对员工空缺、绩效差距、技能提升等方面的数据进行识别，发现未来的潜在风险；基于环境变化预见组织结构和能力的需求变化；识别现在和未来的人才风险等。

然而，目前大多数企业，尤其是传统中小企业，并未意识到数据化分析的重要性，多数决策和判断还都是通过企业决策层"拍脑袋"拍出来的。随着互联网技术的发展、共享经济概念的提出，开始有一些企业意识到量化客观思考的重要性，逐步进入第一个反应阶段，大数据在人力资源管理领域的应用还是一片蓝海。

四、人力资源大数据的特点

人力资源大数据具有相关性、流转性、分散性、非标准化等特点。

（一）相关性

1. 人力资源内部业务数据

人力资源内部业务数据是指基于员工在工作、生活、学习、发展等多个领域产生的各种各样的信息（包括结构化数据、非结构化数据），它们彼此联系又相互影响。

2. 人力资源外部数据

人力资源外部数据主要包括以下几部分。一是基准数据，如各地关于"五险一金"的政府规定，这些基数的调整会影响公司的人工成本；不同城市对社保缴纳年限对于买车买房的限制、积分落户、租房补贴等政策规定，可能影响人才的流动。二是行业对标数据，如薪酬调研报告、劳动力市场趋势报告等。三是竞品公司各方面的对标数据。

3. 企业经营数据

企业经营数据也会影响人力资源的数据分析。当公司效益好时，人力资源方向的投入也会增加，如增加人才招聘力度与培训费用、提高员工薪酬福利待遇等；当效益不好时，可能采取关停并转、减员增效等措施。

（二）流转性

大部分人力数据贯穿在"人离升降调、选用育留管"的各个流程中，前后端到端流通并交互，确保业务正常运转。流转确保了数据的连续性与一致性，流程中产生的数据都有记录，积累下来可用于未来的进一步大数据分析。人力资源数据提供接口到下游系统，以便支撑其他业务系统需要；其他业务系统的一些数据与人力资源数据可以有交互。

（三）分散性

人力资源本身的数据分散在不同系统里，这是由于系统规划建设的局限性，有些系统不是互联互通的，如招聘数据、培训数据、测评数据、评估数据等。人力资源之外的数据，如经营数据，涉及财务、销售、业务等部分的数据，掌握在各个部门手里，由于利益交错盘结，数据并未共享。外部行业对标数据大多分散在不同的地方，需要花费较大人力物力去收集、整理、汇总。即使收集齐了，由于维度的不同，综合分析也有难度。

（四）非标准化

人力资源数据缺乏统一表征，从统计指标、统计口径到计算公式都缺少统一的标准。这一特点和财务数据形成了鲜明对比，也使得人力资源大数据应用难度大大提高。

1. 统计指标没有标准

统计指标没有标准。比如，分析人工成本投入和产出，既可以利用百元人工成本创利、百元人工成本创收，也可以用劳动分配率、人事费用率、人工成本占总成本费用比等指标。具体用哪些指标需要企业自己选择，所以不同企业可能有不同算法。

2.统计口径没有标准

统计口径没有标准。比如，最常见的劳动生产率，有些企业的统计口径是以与公司签订了劳动合同的员工来计算，有些企业则会将派遣员工合并计算，还有企业可能会将外包业务的员工也统计进来。

从实践角度来说，目前人力资源数据存在一定问题。一是数据量不够多，目前很多企业信息化系统建设不够完善，数据收集与积累有限，绝大多数企业还处于传统意义的分析阶段。即使信息化比较完善的企业，也由于缺少数据挖掘方面的专业人才，数据的积累仍停留在起步阶段。二是技术限制不易分析，绝大多数人力资源从业者不懂大数据技术，而大数据专家也不懂人力资源管理。这使企业对已有数据无法充分挖掘和使用，大数据的价值无法体现。

第二节 大数据在中小企业人力资源管理中的创新应用

一、大数据在中小企业人力资源管理中创新应用的基础条件

中小企业想要利用大数据技术解决人力资源管理存在的问题，提高人力资源管理水平，还应该创建以下三个基础条件。

（一）培养大数据思维

企业在日常经营过程中每天都会产生大量的数据，固有传统的数据处理思维模式已经不再适应企业的决策和发展。因此，中小企业领导应该紧随时代，改变传统的数据思维模式，培养和提高大数据思维，学习大数据相关知识，以充分发挥大数据技术在人力资源管理以及企业管理方面的作用。只有公司领导具有大数据的思维，企业才能在海量的数据和信息当中最大限度地挖掘出对企业有关和有利的信息，为企业决策提供更有利的参考。此外，公司管理者在决策时不应只依靠经验，还应该参考数据所反映的客观情况，培养成运用数据进行决策的习惯，以提高企业的人力资源管理水平和企业管理水平。

（二）搭建相关大数据平台

在进行人力资源管理的过程中会产生大量的数据和信息，如招聘、培训员工以及薪酬绩效管理等方面每天都会产生大量的数据和信息，而只依靠人工进行处理和分析数据已经不够。虽然，目前很多中小企业已经在人力资源管理方面实现了部分的信息化，但是在各个管理系统当中还没有真正做到统一规划和有效对接。比如，人力资源部门的薪酬数据等和财务部门还没有完全实现对接，仍需采用人工的方式进行数据处理。因此，从企业长远发展的角度考虑，中小企业还需要搭建相关数据处理平台，对信息系统进行统一规划，以充分利用大数据技术，完全发挥大数据技术的作用，提高人力资源管理水平和企业管理水平。中小企业在未来可以按照如下的方式构架和搭建数据平台，如图 4-1 所示。

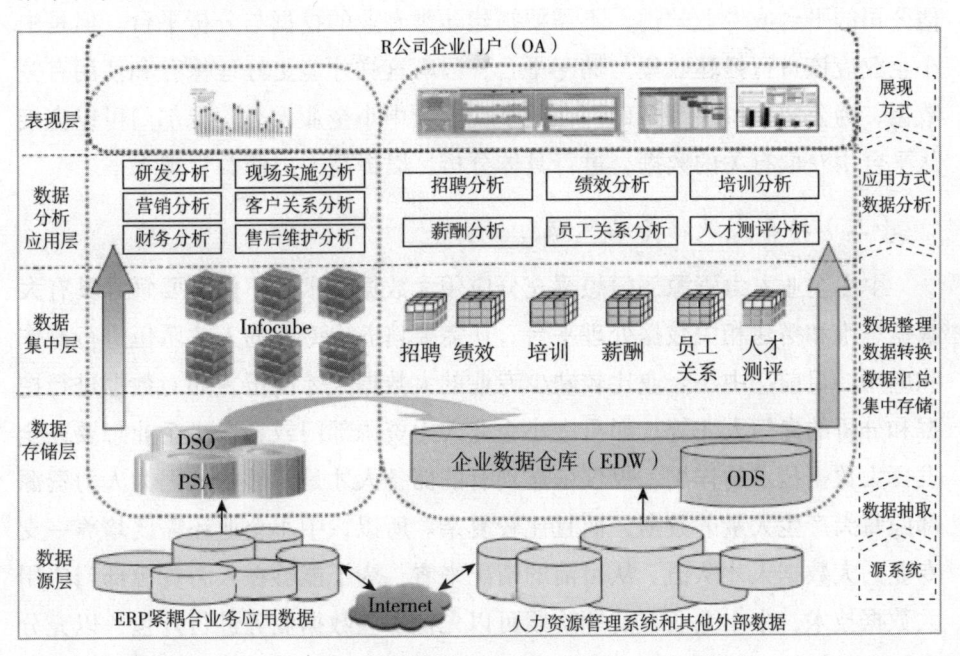

图 4-1 中小企业大数据平台

在搭建相关数据平台方面可分为四个层次，分别是收集与储存平台、挖掘与分析平台、处理与决策平台以及数据安全平台。收集与储存平台主要是对与中小企业有关的数据或信息进行收集；挖掘与分析平台主要是对所收集到的信息进行深度挖掘并进行分析;处理与决策平台是在分析数据的基础上进行运用,为企业决策提供服务;数据安全平台主要是对有关数据进行保护,防止数据泄露。具体如图4-2所示。

```
┌─────────────────┐
│  处理与决策平台  │
└─────────────────┘     ┌──────────────┐
                        │              │
┌─────────────────┐     │  数据安全平台 │
│  挖掘与分析平台  │     │              │
└─────────────────┘     │              │
                        │              │
┌─────────────────┐     │              │
│  收集与存储平台  │     │              │
└─────────────────┘     └──────────────┘
```

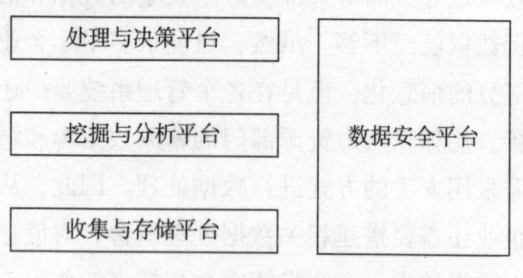

图4-2 大数据平台的四个层次

在搭建相关数据平台时,结合中小企业的特点,中小企业可租借使用其他公司的平台或专业软件,不需要搭建非常专业的挖掘与分析平台。但是中小企业应该自行搭建收集与储存平台,只有这样才能更好地保存和使用有关数据,为公司提供决策帮助。在此基础上,中小企业人力资源部门可以直接从平台中获取有关的数据,进行具体分析,以提高人力资源管理水平。

(三)培养大数据专业队伍

中小企业人力资源部门想要充分应用大数据技术,不仅需要领导具有大数据思维和搭建相关数据处理平台,还需要培养出专业的人才队伍进行操作和应用。目前,中小企业比较缺少专业的大数据人才队伍,如对数据进行挖掘和分析的专门人才等。如果中小企业人力资源部门或者中小企业想要完全发挥大数据技术的作用,仅仅依靠现有的储备人才是不够的。因为人力资源部门每天产生大量的数据,而且比较复杂。所以,中小企业还需要培养一支专业的大数据人才队伍。从目前的情况来看,为了能够在人力资源部门应用大数据技术,中小企业在前期阶段可以先把一些数据业务进行外包,以充分发挥大数据技术的作用,在后期再进行大数据人才培养,以便更好地运用大数据技术,为人力资源部门和公司提供更好的服务。

二、大数据在中小企业人力资源管理中创新应用的重点环节

(一)企业招聘

企业招聘是中小企业目前人力资源管理过程中所面临的最大的问题,中小企业在招聘和选拔员工时,一般综合采用内部推荐和外部社会招聘。在进行外部社会招聘时,主要是在一些人才招聘网站和招聘会等进行招聘,但是困难的是招聘到比较符合公司要求的员工。在以往社会招聘时,中小企业对简历的筛选只是从岗位匹配的角度进行,对不符合要求的人员进行剔除,导致每次进行社会招聘时收到的简历只有一小部分被仔细查看,而一大部分简历得不到利用和开发,使企业丧失掉大部分数据和信息。此外,由于在进行公司招聘时,中小企业没有充分利用大数据技术,导致被面试人员数量不多,而且在招聘过程中存在一定的主观色彩,因此,不仅会导致公司无法招聘到合适的人才,也会给应聘者带来一定的困扰。大数据技术在人力资源管理中比较突出的应用就是能够进行精准匹配,即运用一定的大数据技术从海量的简历中快速识别并与公司要求的岗位条件进行匹配,寻找出最符合公司要求的求职者,从而大大降低招聘的成本,提高招聘的成功率。因此,为了解决中小企业面临的招聘问题,中小企业应充分利用大数据技术,依靠大数据提高员工的岗位匹配程度,使招聘结果更加准确。中小企业利用大数据技术招聘时具体应从以下三个方面进行。

第一,利用大数据技术实现招聘人才的精准推荐。利用大数据技术实行精准人才推荐主要是指对求职者的行为和特征等进行分析,建立一个人才的数据行为模型,并在此基础上建立起对应的推荐算法和相关策略,从而建立大数据技术下的人才画像的过程。画像这一概念最早是由 Alan Cooper 提出的,他认为画像是一个建立在真实用户数据上的模型。通过利用大数据技术,能够对求职者多方面的信息进行分析,然后将大量的信息形成个人具有的特征,它包括企业对人才需求的画像和求职者行为特征的画像。中小企业可以从以下几个方面具体建立和形成画像,以实现人才的精准推荐。首先,中小企业应该明确具体需求哪些人才,而且要尽量使这些需求更加具体和形象,如年龄、特长、学历等。这些信息不仅是中小企业利用大数据技术的重

点，也是构建模型的关键。其次，在明确目标之后，中小企业可以通过网络或者线下的方式，对这些数据和信息进行充分收集，以使这些数据是真实的和相关的。再次，通过收集的数据建立模型。建立模型主要是将收集的数据转变成现实当中的数据库形式。最后，对数据进行分析。企业通过构建出来的模型，对收集来的人才数据进行分析，找到对企业有用的信息并形成结论，根据结论实行针对性的招聘，从而实现大数据人才的精准推荐。比如，在招聘销售方面的人才时，中小企业可以利用手机等工具对求职者的信息进行收集，这些信息可以有求职者的性格、心理特征以及行为能力等，在收集数据之后，根据所建立的模型得出的分数查看人岗是否匹配，从而得出最终的招聘结果。

第二，中小企业应该利用大数据技术做好企业招聘的预测工作。虽然，中小企业已经根据现有的资料和经验进行了一些招聘工作的预测，如根据以往的员工变动情况以及劳力成本预测人员未来的变动规律，但是由于资料简单，需要考虑的因素较多，大部分数据无法进行量化，难以准确预测，作出的预测结果并不是十分理想。而大数据的核心就是对能够根据现有的数据进行挖掘，找出其中规律以对未来的情况进行预测。因此，中小企业应该从多方面进行考虑，充分挖掘数据之间的关联性，做好企业招聘的预测工作。

第三，中小企业在招聘时应利用大数据技术实现信息化。中小企业在进行外部社会招聘时，从招聘网站和招聘会所获得的简历以往都是通过人工的方式进行筛选，比较费时费力。如果中小企业要在招聘运用大数据技术，应该搭建相关大数据平台，在公司网站上搭建专业的招聘版块，专门用于发布一些招聘信息以及相关的要求和工资信息等，同时应该设立可供下载的简历模板，收集统一的简历信息，从而使中小企业能够更加有效快速地收集相关信息。另外，应该搭建一个能够有效转换国内各大主流网站简历的平台工具，使第三方网站的信息转换为中小企业的标准简历，以便于中小企业能够测量求职人员的岗位匹配程度，对求职人员进行初步筛选，实现初步的信息化，提高人力资源部门的工作效率，使公司能够更方便、更准确地招聘到合适的优秀人才。中小企业也可以利用大数据技术给求职者进行回复，这样将有助于降低成本，提高招聘效率。除了一些招聘网站外，中小企业也可以利用移动客户端进行招聘和收集简历，或者采取与其他公司合作的方式进行招聘，这也有利于降低招聘成本。在离职人员的管理方面，中小企业应该建立相关数据库。在数据库中应记录离职人员的相关信息，如离职原因和离职之后的动态等，必要时可进行回访，并对此进行分析，找出员工离职的原因，从而不断进行完善和调整，降低员工的离职率，减少不必要的招聘成本。此外，数据库的建立也能够使中小企业进行二次招聘，降低招聘成本。

（二）员工培训与管理

在员工培训与管理方面，中小企业主要面临三个问题。一是没有对员工培训的需求进行深度分析，二是对员工培训的结果缺乏准确性的判断，三是缺少比较客观的数据平台。针对中小企业员工培训与管理中存在的问题，从以下三个方面具体介绍应用大数据技术的策略和方法。

第一，建立有关员工培训的信息数据库。中小企业在决定员工培训的内容时没有深度分析培训的需求，具有一定的主观色彩，缺乏合理的科学依据，导致在培训后容易使员工产生不满的情绪或者培训的结果不理想。因此，为了深度分析员工培训需求，进行有针对性的培训，中小企业应利用大数据技术建立有关员工培训的信息数据库。虽然员工刚进入公司工作时，其个人简历以及登记表等都能反映出一定的个人信息和个人能力，但是这些信息和数据比较简单，基本上都是反映员工在上岗之前的一些信息，不能反映出上岗之后员工的真正能力。中小企业人力资源部门想要利用大数据技术深层次分析员工的培训需求，还需要建立数据库，其数据和信息应包括员工在实际工作当中解决问题的次数和效率，员工个人的能力和素质，员工个人的培训需求，参与员工培训的次数、时间以及考核结果，工作中受到的奖惩情况，等等。建立这一数据库，可以使中小企业人力资源部门对有关培训需求的数据进行量化，结合员工个人工作情况和公司发展战略，从员工的真正需求出发，制订出真正满足员工需求同时符合公司发展的培训计划。这样的培训计划不仅反映出员工的个人培训需求，能全面提高员工个人能力，也比较科学合理，能满足公司发展的战略和需要，让员工与公司一起成长和提升，促进公司不断发展。此外，中小企业人力资源部门也可根据此数据库对员工的培训结果进行考核和评价，更加科学和合理地进行培训决策，提高员工培训的效果。

第二，利用大数据技术整合中小企业的培训资源并数据化。培训资源主要包括培训的计划、培训的内容、培训的讲师和培训的方式等。在培训计划和内容方面，中小企业可以根据建立的有关员工培训的信息数据库制订出满足员工要求和符合公司发展的培训计划和培训内容。在培训讲师方面，由于中小企业主要以内部培训为主，为了节约成本，培训讲师大部分都是公司各个部门中业务熟练的员工。在培训方式方面，主要是运用传统的培训方式，如讲授的方式等。将大数据技术运用到人力资源管理部门，就可以对培训资源进行整合进而数据化，更好地为员工培训服务，并且比较科学和便捷，更有助于提升员工的能力和凝聚力。中小企业可以综合利用传统培训方式和现代大数据技术下的培训方式。与传统培训方式相比，大数据技术下的培训方式更加方便、高效和节约，不再受到时间和空间的限制，在可以连接到平台的场地或者闲暇时间都可以进行培训，同时会大大降低公司的培训成本，如讲师费用等，给公司和员工都带来极大的便利。在具体应用方面，中小企业可以根据自己的技术能力搭建或者租借大数据的培训平台。这种平台可以根据员工的培训计划以及公司发展的要求，给每位学员分配不同的任务和课程，并进行培训结果的反馈和评价等。人力资源部门也可将其他平台或网站上的有关课件和视频进行整合，供员工进行学习。这种方式更加方便，同时能方便公司进行考核和评价，降低公司的培训成本，提高员工的个人能力，从而促进企业的发展。[①]

第三，中小企业可以将大数据技术应用到人才保留方面。公司不仅要培训员工，提高员工的专业技能和专业知识，还需要让员工融入公司，将其留在公司。因此，中小企业可以利用大数据的思想对员工的离职倾向进行一定的调查，对此进行防范，以防止优秀人才的外流，降低企业招聘和管理的成本；也可以对比分析优秀员工与普通员工的差异，提升他们的能力，在将来可以把员工作为储备人才留在公司。

（三）薪酬管理

薪酬管理在当前社会对企业的发展影响重大。企业想要提高竞争优势和

---

① 李建军.大数据时代下企业人力资源管理创新研究[J].现代工业经济和信息化，2018，8（18）：102-103，106.

整体实力，就必须有优秀的人才基础和人才支持，而想要吸引和留住优秀人才，最重要的一点就是具有较高吸引力的薪酬水平。企业制定薪酬标准从本质上来讲就是要找到公司利益和员工个人利益之间的平衡点，既考虑到公司的利益也照顾到员工的个人利益，从而实现双赢。在薪酬管理方面，中小企业主要存在三个问题。一是在管理的过程当中没有充分利用大数据技术，仍在使用传统的数据收集方式。二是没有很好地将公司的发展目标与薪酬体系进行有机结合。三是制定的薪酬制度缺乏公平性。产生此类问题的原因之一是中小企业没有充分利用大数据技术对同行业同岗位的薪酬水平数据进行收集和深度分析。面对这三个问题，在大数据时代，中小企业可利用大数据技术进行改进，提高管理水平，具体可从以下四个方面进行。

第一，利用大数据技术，根据员工的实际工作业绩来确定薪酬标准。大数据在人力资源管理中的应用主要是从员工工作中的非结构化数据出发的。因此，中小企业可以利用一些软件来记录每天员工的工作内容、工作结果以及工作量等，然后运用云计算技术对产生的数据进行分析，从而得出员工对待工作的态度等，最后根据这些考核的结果确定薪酬标准。通过大数据根据每位员工的工作业绩确定薪酬，更加具有公平性，能够使员工更加信服。

第二，利用大数据技术进行工资薪酬的调整。虽然大部分企业都有自己的薪酬调整方法和策略，但基本上都是根据业内的薪酬数据和信息，或者同岗位的薪酬数据和信息进行调整。由于在确定薪酬时可能就存在一定的差异，这样的薪酬调整方法可能并不让人满意。因此，如果要发挥出薪酬调整的积极作用，还应该根据员工的实际表现进行调整。比如，公司的业绩不断提升或者一些业务的流程得到了优化和创新，公司可以给员工加薪。此外，还可以向员工展示大数据的图表，将一些数字化的信息呈现给员工，更加直观和客观地来确定加薪，这样更加公平。

第三，利用大数据技术确定不同的薪酬层次和类别。在公司内部应根据岗位对公司的贡献和职位不同来确定不同的薪酬水平和福利制度，以体现出薪酬的差异性，保留薪酬的弹性。比如，对于一些普通的员工应该加大固定薪酬的比例，让他们的收入得到一定的保障，还应该利用大数据，提供一些变动的薪酬，激发员工的工作热情。而对于一些中层管理人员，在确定薪酬时可以降低固定工资的比例，提高变动工资的份额。这主要是由于中层管理人员往往需要挑战和面临一些新的业务，具有更高的灵活性，增加变动工资能够让他们更加愿意接受挑战，以获得高额报酬。但同时不要使变动工资比例超过固定工资部分，以免引起中层管理人员的不满。

第四，利用大数据技术捕捉员工的动态，及时进行调整和处理。一般情况下，如果员工对现有的薪酬体系感到不满，通常都会在一些社交平台上发泄或抱怨。因此，公司的大数据监测平台应该时刻关注员工的动态，一旦发现这种情况，应该及时进行处理。此外，公司还应该开放一些大数据平台，使员工可以通过平台表达自己的不满，以使公司能够及时进行处理，避免人才的流失，将损失降到最低。

（四）绩效管理

作为一种公司激励员工的手段，绩效考核与管理基本上在每个公司都有使用，然而，在实际使用和操作的过程当中往往对一些做得不好的员工进行惩罚，所以总是被认为是一种公司惩罚员工的手段，使员工产生不满和负面的情绪。[1] 因此，作为一把"双刃剑"，绩效管理就显得极为重要。中小企业目前的绩效管理主要存在两个问题：一是在绩效考核过程中考核方式单一，考核不精准，具有一定的主观性，缺少客观数据的支持；二是在绩效管理中缺少绩效反馈环节和反馈平台。这主要是由于中小企业考核的方式比较简单，普遍都是由一些关键的指标进行衡量，不是十分科学，而且有时考核的决定权在领导，缺乏一定的公平性，这也会在一定程度上造成中小企业的员工离职和人才流失。因此，在设计和制定科学的绩效管理制度时需要大量客观的数据支持，这就需要收集准确客观的数据并对数据进行深度挖掘和分析，以数据背后的行为为重要考核条件。面对这两个问题，在大数据时代，中小企业可利用大数据技术进行改进，提高管理水平。如果中小企业将大数据技术应用到绩效考核方面，会改变中小企业传统收集考核数据的方式，大大缩短收集处理数据的时间，提高工作效率，从而快速有效地得到考核结果。而且，通过构建绩效反馈平台，能激励员工，实现企业目标，真正发挥出绩效管理的作用，提升绩效管理的水平。具体可从以下三个方面进行。

---

[1] 王姗姗.大数据时代对人力资源管理的影响[J].中国管理信息化，2015，18（4）：47-48.

第一，改变传统的绩效管理策略，形成基于大数据人才特征、行为和工作结果"三位一体"的绩效考核策略。将大数据技术应用到绩效管理中，不仅需要查看员工的业务数据，还需要查看员工的综合考核情况如何，这是企业提拔人才、确定薪酬等的重要依据，也是一个非常重要的激励方法。所以，为了改变传统的绩效管理策略，中小企业应该充分利用大数据技术，从人才特征、行为和工作结果这三个方面进行考核。具体考核策略如下：从人才特征的角度进行考核，就是利用大数据技术对个人的特性、特征进行考核，如员工的品格、交际关系、工作意识以及给其他员工的印象等；从人才行为的角度进行考核，就是考核员工的工作习惯以及模式，这种考核方式不仅可以分析出员工的工作效率，还能分析出以后将要提升的方向和空间；从工作结果的角度进行考核，就是KPI考核，即通过一些关键指标来查看员工是否完成了业绩。只有通过"三位一体"的考核，才能使绩效管理更加科学。在具体考核方法方面，中小企业可以通过数据考核法、测评法以及要素评定法等来完成。比如，数据考核法就是利用大数据技术对员工在工作过程中的表现进行量化，以查看员工是否为公司带来绩效。但是，还应该积极开展其他的大数据考核方法，以免陷入数据考核的误区。

第二，利用大数据技术收集与绩效管理有关的数据和信息并进行深度挖掘和分析。公司发展战略一直引领公司发展的方向，不管是薪酬管理还是绩效管理，都要以公司战略为主导，并在此基础上运用大数据技术。中小企业可以通过运用大数据技术对有关绩效管理的信息进行收集，借助专业的数据挖掘和分析工具对收集的信息进行整理和分类，在充分了解和明白数据的含义后，借助专业的数据分析工具对此进行深度分析，再经过各种其他有关数据系统得出最终的结果，最后将绩效考核结果提供给公司的管理层。在这一系列环节当中，最主要的就是收集有关绩效管理的数据和信息，这是公司进行数据挖掘和分析的基础。如果在收集信息的过程中不及时或者不正确，则数据将会失去其本该具有的价值，可能导致绩效考核的结果出现偏差或错误，造成不必要的损失。另外，一旦中小企业能够收集数据和挖掘数据，就能够使人力资源部门员工甚至全公司都能高效便捷地应用这些数据，发挥数据的价值。有了这些数据的支持，将会降低领导对员工个人的主观判断，增加公司绩效考核的公平性和客观性，更好地发挥绩效考核的作用。

第三，重视绩效反馈环节，充分利用大数据技术进行反馈。绩效反馈通常是在一个考核周期结束后进行的环节，也可以看成一个考核周期开始的环节。实施绩效反馈，考核的结果不仅要反馈给公司领导，也要反馈给公司的员工，从而让员工更加清楚了解自己的不足和以后将要改进的方向。如果缺少绩效反馈这一环节，则无法真正发挥出绩效管理的作用。利用大数据技术可以搭建相关的反馈平台或者页面，进行实时反馈和沟通。员工则可以通过平台进行利益诉求，领导也可以通过平台告知员工的错误和今后需要改进与努力的方向。平台的建立将会大大提高反馈的效果，真正发挥出绩效管理的作用，提升绩效管理的水平。此外，在绩效反馈时可以综合利用其他方式进行，如面谈或者正式沟通等形式，这些方式也会起到很好的作用。但是与这些方式相比，运用大数据技术搭建平台的方式更加方便，传递信息更快，也能消除个人的顾虑或者面子问题等。中小企业应将绩效反馈当作绩效管理中的重要环节，重视绩效反馈，充分利用大数据技术进行反馈，从而提高绩效管理水平。

第三节　大数据时代中小企业人力资源共享服务模式

人力资源共享服务属于共享服务的一个分支。大型企业最先开始采用和实施人力资源共享服务。共享服务是将企业的共用职能或者功能集中在一起，通过共享形式发挥协同效应、规模效应，以高质量、低成本地为企业其他分支机构或部门提供标准化的支持服务。

HR 共享服务模式是在共享服务的基础上形成的一种新的人力资源管理模式，具体是指在企业总部建立一个全新的人力资源部门，主要包括人力资源共享服务中心（HR Shared Services Center, HRSSC）、人力资源业务合作伙伴（HR Business Partner, HRBP）、人力资源专家（HR Experts, HRE）三部分。HR 共享服务是由互联网技术和信息科学技术所推动形成的一种创新和变革服务，其目的在于整合企业内部资源、降低企业经营成本、提高企业运作效率和提供优质人力资源服务。大数据时代，中小企业可以借助云计算技术顺利应用人力资源共享服务,这也是云计算在中小企业中的一个重要应用。

一、人力资源共享服务模式概述

在中小企业人力资源管理云架构的基础上,中小企业也可像大型企业一样享受人力资源共享服务,建立人力资源共享服务云平台(见图4-3),实现服务共享。从图4-3中可看出平台上的服务模块有人力资源共享服务中心(HRSSC)、人力资源业务合作伙伴(HRBP)和人力资源专家(HRE)三部分。

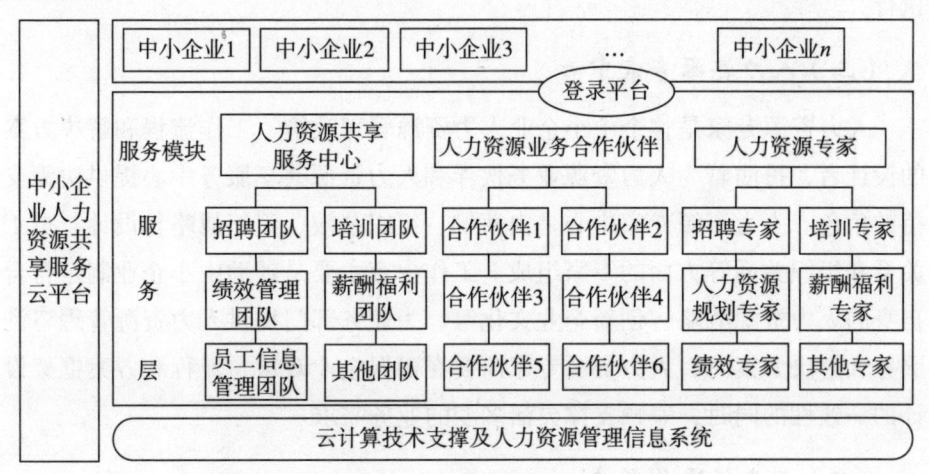

图4-3 中小企业人力资源共享服务的云平台架构

(一)人力资源共享服务中心

人力资源服务中心可以为不同地方或不同行业的企业提供统一的人力资源管理服务,主要依靠云平台上的招聘团队、培训团队等为中小企业提供所需服务。人力资源共享服务中心是支撑人力资源业务伙伴和人力资源专家的重要保障,主要协助他们从事务性工作中脱离出来。人力资源共享服务中心具体负责日常的人力资源事务性工作,优化与完善企业的工作流程,协助业务伙伴和专家推广人力资源共享服务。

（二）人力资源业务合作伙伴

人力资源合作伙伴是由云平台分派或者企业自己推荐的人力资源工作者，他们作为企业和平台的联系纽带，通过扮演客户经理和顾问的角色针对业务部门这个客户所遇到人力资源管理相关方面的问题，及时快速地提供相应的咨询和建议。其工作内容如下：①推广人力资源制度、流程和方案，主动跟进业务部门发展需要，挖掘企业内部的业务需求；②提供专业的人才管理方案和人力资源规划，针对工作问题，快速制订合理的解决方案；③把解决方案提交给专家中心，共同协作解决，具体方案由人力资源服务中心来执行。

（三）人力资源专家中心

人力资源专家是整个中小企业人力资源管理政策、工作流程和解决方案的设计者，扮演着为人力资源业务伙伴和人力资源共享服务中心提供决策支持的角色。人力资源专家中心是由薪酬、组织绩效、组织战略与设计、员工关系和组织关系等方面的专家组成。工作内容主要是辅助中小企业制定符合自身的人力资源战略、创新企业文化等。为业务部门提供人力资源管理咨询服务和解决方案时，人力资源专家需要在确保企业政策、流程和方案框架设计的一致性的同时，兼顾支撑灵活多变的业务需求。

（四）三者的运作关系

从图 4-4 可以看出，人力资源业务合作伙伴属于战术层，主要负责发现问题；人力资源专家为战略层，主要负责设计方案；人力资源共享服务中心则为执行层，主要负责交付执行网。三者综合在一起，不仅能高效地完成传统人力资源管理职能，而且能积极地参与到业务中，促进业绩提升。此外，人力资源共享服务模式的高效运行还离不开完善的人力资源信息系统和云计算技术支撑。

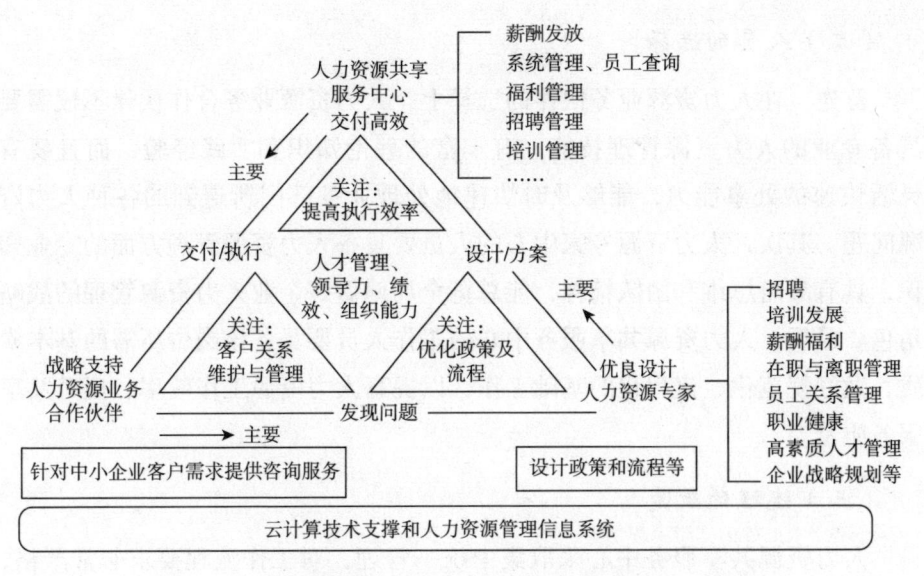

第四章 大数据时代中小企业人力资源管理的创新与发展

图4-4 人力资源共享服务三个服务模块之间的运作关系

人力资源共享服务模式为中小企业带来的价值：①在效能方面，共享服务能充分发挥其战略伙伴的作用，显著提升管理人员对人力资源价值的感知以及所有员工对人力资源共享服务模式的满意度；②在效率方面，能显著提升人力资源多层面的服务效率；③在成本方面，人力资源共享服务模式能大大降低运营成本。

二、人力资源共享服务模式成功实施的关键因素

（一）充分认识新模式

首先，实施人力资源共享服务必须有前期准备工作，在获得中小企业高层领导的支持后，加强与员工的交流与沟通，开展一系列的人力资源共享服务认知培训活动。其次，业务经理应该加强云计算方面的学习，以充分认识业务合作伙伴对本部门的重要性，切勿认为他们是人力资源部门派来监督业务部门的。最后，人力资源管理工作的重心应该从事务性转移到战略性工作，把部分工作外包出去以专心于人力资源战略，整体提高人力资源管理效率，发挥出人力资源管理的更深层次工作职能。

（二）人员的选择

首先，在人力资源业务伙伴的选择上，人力资源业务合作伙伴不仅需要具备专业的人力资源管理技能，有丰富的理论知识和实践经验，而且要有灵活快速的处事能力，能够及时快速地处理业务部门所遇到的各种人力资源问题。其次，人力资源专家中心的人员要具备人力资源管理方面的专业知识，具有战略思维和团队精神，能总览全局地做好企业人力资源管理的战略角色。最后，人力资源共享服务中心的工作人员要具备该岗位所需的基本素质，做好规范化、流程化的基础工作，以提高人力资源工作效率、提升共享服务质量。

（三）流程的改造

人力资源共享服务中心采取集中统一管理，对工作流程要求非常严格，负责将共享服务意识传递给企业的每位员工。人力资源共享服务中心为了更好地服务各部门，需要重新整合企业内部的工作流程，把业内标杆和最佳实践企业作为参考，对流程进行优化，以尽可能减少不必要或重复性的工作，最终实现工作流程的系统化、高效化和标准化。

（四）云计算技术和信息系统的支持

人力资源共享服务模式的实现离不开完善的人力资源信息系统。在云背景下，越来越多的中小企业将建立人力资源管理信息系统，把更多的人力资源工作放在网络平台，如员工的入离职、请假事宜、档案等都将逐步实现电子化办理。人力资源管理信息系统可由组织内部人员在云计算 PaaS 平台上进行自主开发或由外部专家辅助建立，这符合企业的实际情况，具有易操作性和便捷性，并能够不断更新升级。另外，由于共享服务涉及多家企业、多个业务数据，所以人力资源共享服务中心应根据信息保护要求，制定严格的用户权限与访问控制措施，建立安全事件和事故响应与快速恢复机制，维护好系统和数据设备，确保人力资源共享服务稳定运行和数据资产安全。

三、人力资源共享服务模式下的流程再造

中小企业采用人力资源共享服务模式将使人力资源管理工作流程发生变

化，以适应这种共享服务模式。在人力资源共享服务模式下，中小企业人力资源管理的工作流程变化如下。

(一) 招聘流程的变革

人力资源共享服务模式下中小企业招聘具体的操作流程如下。首先是由人力资源专家中心（HRE）根据战略目标来制订本年度的招聘计划，报相关企业负责人审批后确定年度招聘计划，并坚决执行。HRE还负责整合招聘渠道、选择适合本企业的招聘方法、设计并优化招聘流程、对中小企业所需要招聘的高级管理人才提供参考意见等。人力资源业务合作伙伴（HRBP）主要负责与所在的中小企业或业务部门经理确认是否有招聘需求，拟招聘职位的具体的岗位职责、任职要求和薪资待遇，将招聘信息转交人力资源共享服务中心（HRSSC），选择合适的招聘渠道发布招聘信息，协同用人部门经理一同面试，确认录用人员。HRSSC根据HRBP下达的招聘需求选择招聘渠道发布招聘信息，收集并初步筛选简历，然后将筛选出的简历发送给用人部门经理，安排面试及通知录用等。工作流程如图4-5所示。

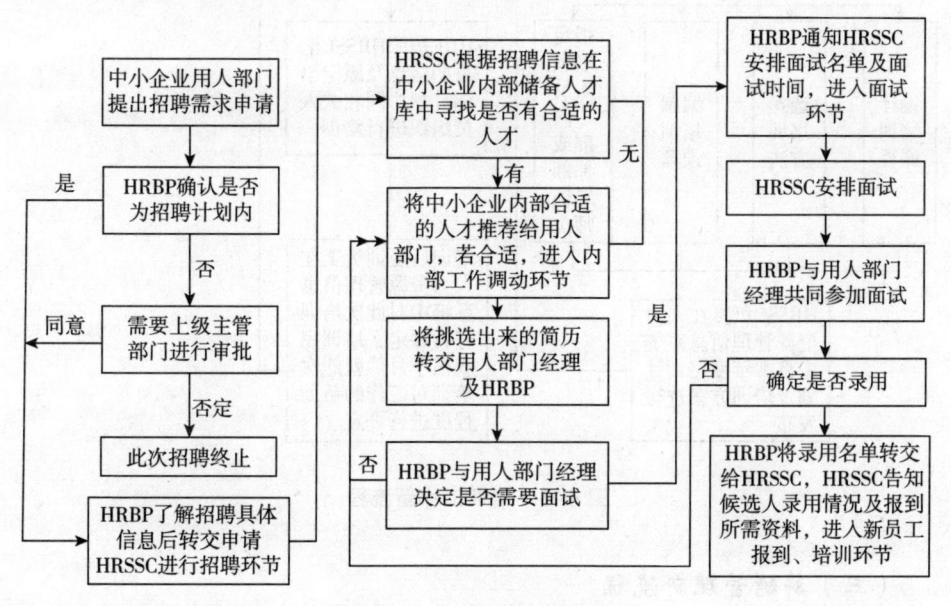

图 4-5 招聘工作新流程

（二）培训流程的变革

在人力资源共享服务模式下，中小企业将分散的培训资源进行重新整合，HRE针对中小企业的培训需求选择最适合企业的培训机构和资源来进行培训，以保证最佳的培训效果，并针对业务部门不同的培训需求设计具有针对性的培训课程，满足不同的要求。人力资源共享服务中心主要利用人力资源管理信息系统开展及时的培训效果反馈及跟踪，也可发布由HRE针对本企业需求设计的培训课程以供企业员工免费在线学习和培训。培训工作新流程如图4-6所示。

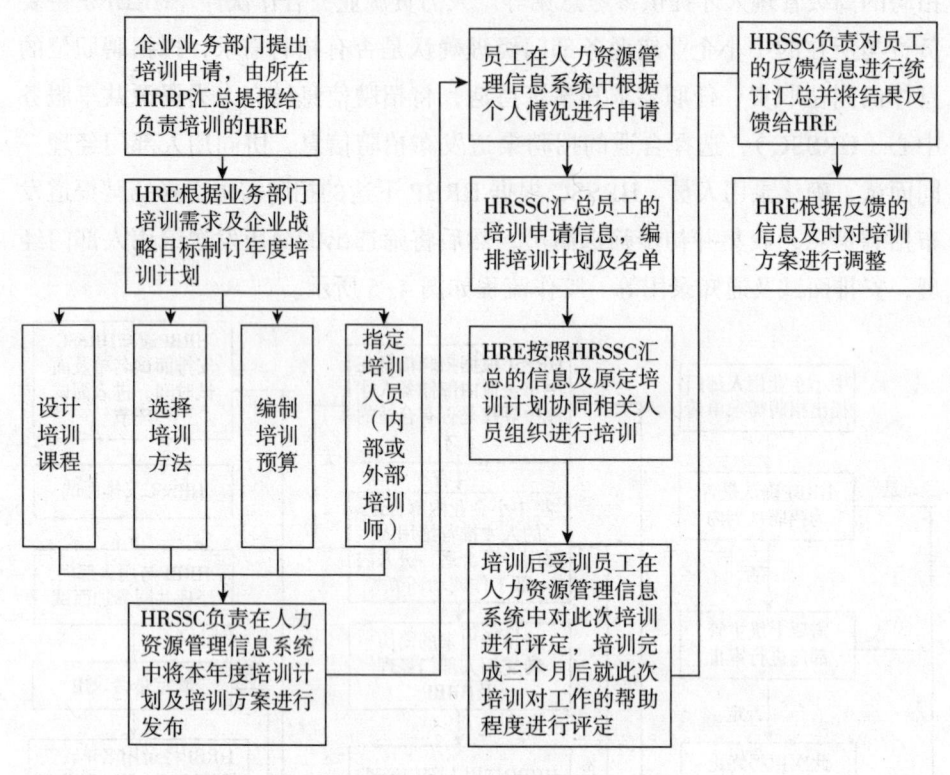

图4-6 培训工作新流程

（三）薪酬管理新流程

在人力资源共享服务模式下，首先每年均会由HRE统一组织进行行业薪酬水平的市场调查，明确企业的薪酬水平状况在本市、本省及全国的竞争能力，并根据实际调查结果对企业的薪酬水平调整做出相应的调查报告和调整方案，报高管审批。在审批通过之后，中小企业需要根据企业战略和财务预算来制订年度薪酬计划。对于中小企业所有员工的薪资水平也需要由HRE进行统一规划和设定，制定符合企业自身情况的薪酬体系，并制定相应的薪酬管理办法来规范和完善中小企业的薪酬管理。在日常薪酬管理中，由HRBP根据员工考勤和绩效考核情况统计加薪及降薪情况，转交HRSSC在信息系统中进行修改；员工的基本信息发生变化，须及时在人力资源管理系统中进行修改，由HRSSC在每月固定日期之前从系统中导出本月员工的考勤和绩效考核数据，然后通过人力资源管理系统进行工资的计算和福利发放等，在规定日期之前将工资转到员工的工资卡上，工资单则随电子邮件发送。HRSSC根据企业薪酬管理要求，定期出具工资表单及工资变化统计等。薪酬管理新流程如图4-7所示。

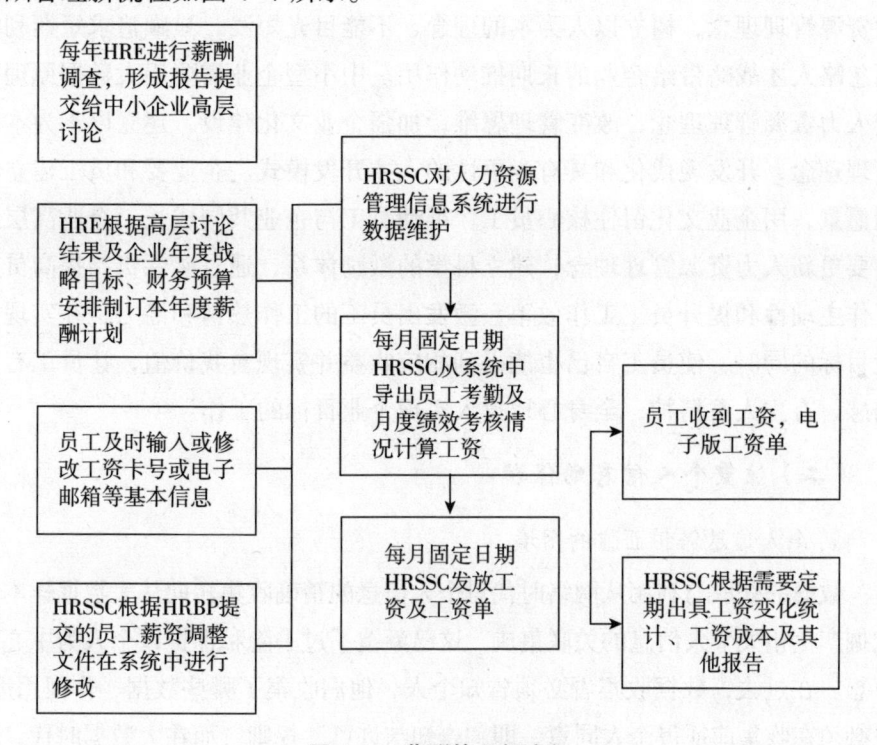

图4-7 薪酬管理新流程

第四节　大数据时代中小企业人力资源管理的策略与发展趋势

一、大数据时代中小企业人力资源管理的策略

(一) 创新人力资源管理理念，加强企业文化建设

随着社会经济的高速增长、互联网技术的飞速发展、科学技术的日益创新，企业必须适应客观环境的变化、做出变革。首先中小企业的管理层要意识到传统的人力资源管理模式已很难适应企业的发展。中小企业必须创新人力资源管理理念，树立以人为本的理念，不能目光短浅，只顾追求短期利润而忽略人才战略带给企业的长期推动作用。中小型企业需要用大数据原理改变人力资源管理理念，改变管理思维，加强企业文化建设，建立以人为本的管理理念，开发现代化和具有竞争性的人才开发模式。企业要和员工建立共同愿景，用企业文化留住核心员工，推动员工与企业共同成长。企业高层领导要更新人力资源管理理念，建立科学的激励体系，通过奖惩机制提高员工工作主动性和提升员工工作效率，激发出员工的工作热情和潜力，在实现企业目标的同时，使员工自己也能得到相应收益并实现自我价值，让员工有归属感、有主人翁精神，全身心地投入实现企业目标的工作。

(二) 注重个人信息的保护

1. 个人信息保护面临的困境

数据的获取与利用从网络时代对个人信息的精确收集转向从大数据样本中挖掘产生相关个人信息的关联集成，这已颠覆了过去隐私保护以个人为中心的思想。在过去，数据收集者必须告知个人，他们收集了哪些数据、作何用途，也必须在收集前征得个人同意，即"告知与许可"规则。而在大数据时代，数据收集是一种新的对分散的相关个人信息的二次利用或开发，有的数据从表面上看并不是个人数据，但是经由大数据处理之后就可以追溯到个人了。个人信

息一旦被以数据化形式储存，个人实际上很难对自己的信息进行保护。巨大的商业利润根本无法阻止拥有数据库的单位和组织将收集到的个人数据进行整合、分析和利用，这是大数据时代给个人信息保护带来的巨大挑战。

企业人力资源管理部在收集员工相关信息时，也极容易面临侵犯员工隐私的法律风险。目前，很多企业在员工的个人办公电脑上安装了监控，可以将员工浏览网页、在企业内部社交网络上发表言论、在云沟通平台上聊天以及邮件来往等过程中所产生的各式各样的信息都记录下来，结合企业管理信息系统的员工信息等进行整合、分析、挖掘和利用。这有助于企业更好地了解员工需求，为制定人力资源决策提供依据，但数据的可接近性并不意味着数据使用合乎伦理道德。企业在对员工行为数据进行挖掘和分析的同时不可避免地威胁到他们的个人隐私。网络隐私权与传统隐私权的不同之处在于网络隐私权更注重个人数据的利用与控制，不再局限于隐私保护的简单行为。网络隐私侵权行为多种多样，包括非法收集、传播、使用个人信息以及非法监控、侵入私人网络领域等。以往人们认为网络的匿名化可以避免个人信息的泄露，然而在大数据时代，数据的交叉检验会使匿名化失效，社交网站普遍推行的实名制也增加了个人隐私保护的难度。

2. 个人信息保护的重要性

企业使用大数据技术能够收集到员工的各类信息，包含一些与员工工作无关的信息，如私人社交、情感发泄、生活琐事等。这些与工作无关的数据在收集时并不具有目的性，但随着技术的快速进步，这些数据可能最终被开发出新的用途。例如，对员工未来的行为表现进行预测，这既违反管理伦理，也缺乏组织公正。如果员工感到自己的生活被监视了，甚至他们可能因为所谓的大数据预测而为自己并未发生的行为买单，很容易激起员工的自我保护本能。他们一则会抗议这种监测技术，使企业面临法律纠纷；二则不愿意再通过网络表达自己的真实感情，这会使大数据在某种程度上失去价值。此外，如果公司的信息管理系统被攻破，将造成公司员工数据的泄露，给员工的生活造成困扰，甚至威胁员工的生命财产安全。因此，企业若要基于大数据做人事分析，必须了解相关法律法规、行业规则，合法合理地收集员工的信息。对所获取的员工个人信息，企业必须引进信息保护技术以保障员工的信息安全，防止信息泄露，这样才有可能使基于大数据的人力资源管理获得较好的应用与发展。

3. 个人信息保护的策略

大数据时代，技术手段是法律措施的重要补充，保护个人信息安全应强化技术的作用，主要有以下几个方面。第一，加大资金投入。相关管理部门和企业加大对大数据安全保障关键技术研发的资金投入，提高研发环节资金投入比例，或设立专项资金用于研发。积极鼓励个人信息安全技术的研发和创新，从技术层面来保障信息安全，提高我国大数据安全技术产品水平，抢占发展基于大数据的安全技术的先机。第二，完善技术手段。大数据时代，大量的用户个人信息通过计算机网络进行存储和传输，要堵住人为漏洞和技术本身的漏洞，最好的方法是完善技术手段。要加强新产品、新技术的研发应用推广，不断完善信息系统安全设备，如防火墙、入侵检测系统、防病毒系统、认证系统等的性能，采取访问过滤、动态密码保护、登录IP限制、网络攻击追踪等技术手段，强化应用数据的存取和审计功能，确保系统中的用户个人信息得到更加稳妥的安全技术防护。第三，加强技术规范。对那些重要和关键的数据信息进行加密保护，只有通过身份授权或解密情况下才能进行访问和查看。同时，制定多人管理重要和关键信息的制度，限制个人信息掌握者的权限，不能由一个人掌握全部信息，使每个层级的相关人员只能掌握相应的有限信息。

总之，大数据环境下个人数据应用的隐私保护是一个复杂的社会问题，不仅涉及道德、法律、行业、技术等诸多领域，也涉及大量的个人、群体、企业和机构。人力资源管理者应该熟悉本国保护网络隐私权的法律法规，及时关注行业指导与自律规则。在此基础上所进行的人力资源管理，有助于避免企业陷入侵犯员工隐私的困境，保障企业和个人的共同利益。隐私权保护也是企业与客户、合作伙伴、员工以及其他利益相关者之间建立信任关系的基础。企业必须与用户进行充分沟通，让他们了解自己的信息将如何被使用，并制定符合隐私保护的使用数据的相关规定，使员工的个人信息得到规范的保护。

（三）降低雇佣歧视

1. 雇佣歧视的概念

使用大数据技术实施人力资源管理，企业所要面临的最大问题是雇佣歧视。雇佣歧视是指个体在组织的招聘、培训、评估、薪酬设计与发放、晋升、辞退等环节由于种族、国籍、性别、年龄、宗教信仰等因素受到区别对待，主要体现为性别、种族、信仰、容貌、年龄、出生地以及残疾歧视。从本质上看，雇佣歧视是指雇主基于对劳动者与生产力、劳动生产率或工作绩效无关的个性特征进行区别对待。

2. 大数据对雇佣歧视的影响

大数据对雇佣歧视的影响表现为以下两个方面。

第一，大数据技术使求职者个人信息被营销活动记录，营销活动通过分析个人信息塑造模拟客户形象，将其与特定的产品和服务相连接。数据销售商在出售消费者档案时，会为档案贴上各类标签，以方便营销人员找准自己的目标。数据行业是一个价值巨大的产业，出售的数据（如网上购物信息和健康状况）不包含姓名。但多项研究表明，不含姓名的信息经过处理，可轻易重构出完整的个人档案。因此，大数据在一定程度上为雇佣歧视提供了数据支持，雇佣者对大数据预测准确性的信任加剧了企业雇佣歧视。

第二，在大数据背景下，如果大数据预测技术通过对大量历史数据的分析得出女性员工的总体绩效水平低于男性，那么企业很可能在雇佣、定薪、培训、晋升等方面对同一岗位不同性别的员工区别对待；如果大数据预测到刚毕业的大学生组织忠诚度水平普遍较低，那么企业就可能减少对应届生的招募录用。大数据的预测功能可以对员工的发展道路进行预测，虽然在一定程度上为企业培训提供了支持，但是可能会使企业产生雇佣歧视而选择放弃该员工。

总之，中小企业要紧跟时代发展潮流，与时俱进，面对大数据时代带来的变革快速作出响应。人力资源管理部门要迎接大数据带来的挑战，运用大数据的技术原理进行人力资源管理工作的创新突破，采取多元化的管理方法，进行人才开发和绩效管理变革，打造一支优秀的人才队伍来保障企业的核心竞争力，发挥人力资源最大的价值，促进企业与员工的协同发展，让企业在未来发展壮大的道路上走得更加有力、长远。

（四）加强数据风险防范力度

虽然大数据技术给中小企业人力资源管理带来了极大的便利，但也会产生一些信息风险。因此，中小企业想要在人力资源管理中充分利用大数据技术，不仅需要创造一些基础条件，还需要对应用过程中的数据风险进行防范。以下从收集数据、处理数据以应用数据三个方面分析了中小企业人力资源管理在大数据技术应用中存在的风险以及应对措施。

第一，中小企业收集数据中的风险防范。中小企业在收集数据的过程中除了需要使用大数据技术外，还需要人工操作。人工操作过程中如果出现错误，导致得到的数据错误，会使决策出现错误，给企业造成严重的损失。所以，中小企业人力资源管理在收集数据的过程中应该避免出现错误和应用错误的数据。比如，在企业招聘过程中，中小企业人力资源部门需要用多个方法从多种渠道收集求职者的简历以及在职员工的数据信息。这些数据信息不仅有电子信息也有纸质信息，还有在日常工作过程中所获得的一些个人信息和综合信息。在收集这些信息的过程中，人力资源部门的工作人员必须耐心、认真、仔细地收集，对事实数据进行分类处理，并尽量将收集到的全部信息进行数据化处理，以防由于个人主观判断而产生信息数据的错误。

第二，中小企业处理数据中的风险防范。在收集数据后，需要对数据进行处理和分析，然后才能加以利用。目前，我国在大数据存储和处理方面的技术还比较薄弱。中小企业在处理数据过程中对一些先进技术应用得还不是很成熟。随着人力资源管理部门数据的激增，在储存数据和处理分析数据方面，应用技术的难度会大大增加。在储存巨量的数据后，企业需要对数据进行挖掘处理和分析，如果处理方式不当，则会导致数据没有价值，浪费大量时间。因此，中小企业应有效防范处理数据过程中的风险，以免导致数据失去价值，无法为企业管理决策提供帮助。在防范风险方面，中小企业应使用专门的工作人员对数据进行储存，使数据分类有序，便于处理和应用。此外，中小企业还应该培养处理数据的专门人才，对储存的数据进行深度挖掘和分析，结合公司实际情况进行有效应用。

第三，中小企业应用数据中的风险防范。虽然应用大数据技术能给中小企业人力资源管理带来很大便利，但是在应用的过程中也要注意防范风险。目前，中小企业在应用数据方面主要面临三个方面的风险。一是公司的一些机密信息和个人的隐私信息有泄露的风险；二是储存信息中的错误信息风险；三是数据安全方面的风险。在应对这些风险时，首先，中小企业应在日常工作中重视数据安全意识的宣传和培养，从全体员工的意识方面进行防范；其次，中小企业在应用数据的过程中应加强筛选管理，以免出现错误的信息；最后，中小企业应建立相关保护数据安全的制度和措施，在应用数据的过程中对数据的质量加以保证。此外，在对数据进一步分析和利用的过程中也会产生一定的风险，如在预测员工离职的倾向和概率时会产生数据泄露的风险，在应用一些第三方数据平台时也会产生数据不安全的风险等。面对这些风险，中小企业应积极应对，防范风险，提高中小企业人力资源的管理水平和决策水平。

基于以上分析，中小企业在利用大数据技术的过程中应注意防范风险，保护数据安全，从而充分发挥大数据技术在中小企业人力资源管理中的作用，提高中小企业人力资源的管理水平和决策水平。

二、大数据时代中小企业人力资源管理的发展趋势

（一）科学化趋势

互联网给企业人力资源管理插上了大数据的翅膀，使人力资源管理真正进入"量化"管理阶段。人力资源管理决策将日益依赖大数据及数据背后的知识，需要及时获取大数据并对其进行有效的分析、组合与应用。这是人力资源管理科学化的最新内涵。

大数据时代人力资源管理科学化的一个关键问题是树立制度和数据的权威性。有些企业往往犯这样的错误：企业的制度成百上千条，然而数据在人力资源管理领域不受重视，企业管理者"胸中无数"，仅靠直觉和经验决策已经成为习惯。树立制度和数据的权威，是实现人力资源管理科学化的保证。

（二）人性化趋势

随着经济的不断发展，广大员工的需求结构发生了深刻的变化，他们不再是只会工作的机器或工具，这就要求人力资源管理转变到以人为本，这正是现代人力资源管理的重要特征。

只有企业以员工为本，员工才会以顾客为本；只有企业为员工创造价值，员工才能为顾客创造价值。要从尊重员工的权利入手，在此基础上增加人力资源开发的投入，促进员工在岗位上成才，与企业一道成长，激发员工的主人翁意识，这是实现以人为本的首要工作。

以人为本的一个重要驱动力量是互联网。大数据时代实际上是人的一场革命，这种革命是人的能力的革命、人的价值创造的革命。一方面，老板和首席执行官（CEO）不再是组织的唯一核心，组织的真正核心是了解客户需求的人。谁最贴近客户，最了解客户，谁就拥有更多的话语权和资源调配权，如腾讯的项目制管理，小米的合伙人负责制与去关键绩效指标法（KPI）都是在淡化组织自上而下的权力中心意识，使组织整体面对市场和客户需求的反应最快、距离最短，内部交易成本最低。另一方面，强调组织的资源调配不再简单依据KPI指标的权重进行预先设计，而是依据客户与市场需求动态配置。另外，随着组织扁平化、流程化、数据化，组织中人的价值创造能力和效益效能被放大，一个小人物或非核心部门的微创新就可能带来商业模式的颠覆式创新。

大数据时代使人与人的沟通距离与成本趋于零；信息的对称与信息的透明，使员工更能自由地表达自身的情感变化和价值诉求，并在员工社区形成共识。企业的人力资源产品和服务的研发设计与提供要更关注员工的情感需求、价值实现需求，并增加人才对人力资源产品和服务的价值体验。增加价值体验并不意味着更大的资金投入，而是要使人力资源产品更精益化、更个性化。人力资源管理需要对人性有透彻的了解。这在某种意义上要求从事人力资源管理的人，既尊重数据事实，又对人性有感悟、有理解。所以，在大数据时代，人力资源管理很重要的任务是实现情感的连接和提升人才的价值体验。

总而言之，大数据时代，以人为本成为实践中正确的选择。人力资源管理的人性化将是一个长期的趋势。

（三）战略化趋势

现代人力资源战略是企业发展战略的重要组成部分。它不仅为企业决策提供重要的人力资源，成为企业成长的坚强后盾，而且作为一个有效增值的环节，为企业创造价值，支持和促进各部门的发展。将人力资源部门转变成战略支持部门,无论对提升人力资源部门的战略地位,还是对整个企业的战略决策和战略实施而言都是十分必要的。

大数据时代,人力资源部门不再是整天忙于招聘人、发工资、统计出勤、发放福利、办理人事调动、组织内部培训等的事务性部门,而应成为预测人才需求、人才供给,从战略高度制定人力资源补充和结构优化方案、重点骨干人才的获取和培养方案、通过企业文化建设提升企业凝聚力和构建人力资源动力体系的战略支持部门。有了大数据的支撑,人力资源部门的这些战略功能将得到进一步强化。

在未来的组织中,人力资源部门是一个专业化程度很高的部门,该部门的职能人员是各类专家:人力资源战略策划专家、人才测评专家、绩效评估专家、薪酬管理专家、人力资源开发培训专家、劳动关系专家、职业生涯管理专家及企业文化专家。专业化的人力资源职能人员不仅能促进科学的制度化管理,更重要的是可以为员工提供内部的咨询和服务,这项功能比以往的管理控制更为重要。

第五章 大数据时代中小企业营销管理的创新与发展

第一节 大数据与中小企业营销变革

中小企业在促进经济发展、增加就业等方面发挥了十分重要的作用。但是，由于各方面原因，中小企业的发展实力有限，竞争优势不明显，而随着大数据时代的到来，市场竞争进一步加剧，中小企业所面临的生存和发展环境进一步恶化。鉴于此，各中小企业需要在明确大数据时代对自身发展意义的基础上积极对营销模式进行优化创新，在突破营销困境的基础上最大限度地发挥营销优势，进一步推进企业的长久发展。

一、传统企业营销面临的困境

传统的企业营销模式是具有局限性的，其特点主要表现为以下几点。

（一）针对性不强，不具有时效性

在传统营销模式的观念中，企业希望通过各种销售手段，将更可能多的产品卖给尽可能多的顾客。在进行营销时，首先要找到目标客户。传统的营销模式通常是进行市场调研，以填写调查问卷、客户采访等形式寻找答案，然后根据获得的大量数据进行分析，确定目标客户。但是，随着社会的快速

发展，人们的需求变化得很快，差异化、个性化、多元化是很多消费者的新观念。在通过传统问卷调查确定目标客户时，为了确保答案真实、有效、不片面，往往需要以大量的调研数据为研究基础，而获取大量数据的这个过程是漫长而又复杂，极其耗费人力、物力、精力、时间的。企业可能刚刚花费大量时间确定了消费者的购物需求，确定了目标人群，生产出大量产品，人们的需求就已经发生了变化，这会造成商品的大量滞留和浪费。

另外，传统营销模式主要是通过投放广告来提高品牌及商品的市场曝光度和知名度，从而吸引消费者购买。在投放广告时，往往没有针对性地进行投放，虽然广告的传播范围广，但是由于缺乏针对性，不但对大部分消费者没有吸引力，还造成了广告资金的大量浪费。此外，传统的广告投放，一般都是通过电视、广播、报纸等，观看这些广告的大部分为中老年人，而如今消费市场主要是年轻人的天下。

（二）不确定性因素多，营销策略缺乏针对性

传统营销模式的不确定性因素很多。因为传统营销模式一般是先将产品生产出来，然后再进行销售，一旦在销售过程中出现问题，就会导致产品的滞销，滞销时间久了还会带来产品时效性的问题，造成企业资金的大量损失。在现在的企业生产中，要采取针对性生产，需要先了解订单需求再进行生产，这样才能解决库存的问题。除了依靠订单的方式进行生产，企业还需要对市场有精准的预判，对客户的需求和消费理念进行精准分析，制订有针对性的营销方案。但是很多企业依然受传统营销方式的束缚，缺少针对性的营销策略，使营销效果达不到预期。

（三）对人的依赖性过强

传统营销模式中销售人员推销是销售的主要方式之一，所以销售员销售水平的高低往往更能决定商品是否畅销。如果销售员销售水平高，值得信赖，消费者在购买产品时会将对销售员的信赖附加在产品上，从而选择购买此产品。因此，顾客对销售员的依赖可能会大于对产品的依赖。消费者不是因为信赖产品或品牌进行消费，所以当销售员离职后，企业很可能因此失去很多顾客。

（四）定价模式陈旧，缺乏市场竞争力

定价策略是企业市场营销策略中一个关键的组成部分。在传统营销模式下，企业往往是根据商品的成本进行定价，价格一般比较固定，缺乏灵活性。传统的定价方式缺少竞品分析的环节，会造成盲目定价、价格高于其他同类型商品的问题，进而错失很多顾客。因为顾客在购买产品时都是择优而入，会选择同类型产品中性价比较高的产品。

二、大数据下中小企业市场营销的机遇与挑战

大数据背景下的市场营销的分析数据来源大多是互联网或者移动互联网，利用大数据爬行技术收集客户的行为数据和消费数据的速度可以超越企业自身以往任何时间收集数据的速度，收集数据的完整性和准确性也有了质的飞跃。企业对收集来的数据加以分析、概括，总结出消费者的行为习惯和购买偏好，以此作为基础，提供给消费者最能满足他们需求的产品、信息和服务，同时尽可能做到与客户进行实时互动以保证客户的活跃度和忠诚度。

从传统市场营销走向大数据市场营销，除科技不断发展的因素外，从根本上讲是消费者观念变化造成的。当前消费者和过去消费者最大的不同点在于，他们拥有了各种移动通信设备并可以通过便捷高速的网络环境，随时随地了解产品市场的动态。这样消费者就能清楚地分析出市场的价格走势等各种商品信息，进而对想要购买的产品有一个清楚而明确的认识，还可以在第一时间对新产品、新技术等新生事物有所了解。这种变化大大节省了产品发布的广告费用和客户了解认识新产品的时间，使产品信息在消费者和企业之间变得更加透明。目前的主流趋势是，消费者根据互联网上商品的价格自主选择供货来源，对比同种商品优缺点等产品信息。营销组织如果想在市场中赢得先机，就必须采用新的营销方法来迎合这一改变，抓住这一趋势结合企业自身特点创造新的营销模式。

（一）大数据下中小企业市场营销的机遇

1. 大数据背景下的市场营销消耗公司的资源更少

企业不需要像传统市场营销模式那样，耗费大量的人力、物力、财力和时间来进行市场调查，再根据调查的结果经过统计人员的统计归纳和总结，

从不同维度分析客户的真实需求。大数据背景下的市场营销通过大数据挖掘技术把大量数据从网上采集下来，经过一系列的数据加工、清洗等工作找出其中的可用信息。利用这种方法可节省企业现有的财务、原料、客户关系、科技创新专利等资源和统计、分析过程中消耗的大量时间和资金。与一半的广告费被浪费掉的传统广告相对比，大数据背景下的产品营销可以减少甚至避免广告费用的浪费，使企业对目标客户进行有针对性的广告投放，而且广告投放的效果可以实时反馈给企业。也就是说，企业可以得到客户购买产品前是否浏览广告等相关数据。这样的监控手段便于企业及时调整投放策略，避免不必要的广告费用支出。

2. 大数据背景下的市场营销实时性强

在快速发展的网络时代，网民的消费行为和购买方式很容易在短时间内发生变化。在网民需求最旺盛时段及时抓住客户心理进行营销尤为重要。利用大数据挖掘技术可以充分了解网民当时对产品需求情况，及时给网民推荐符合他们当前需求的产品，使他们及时地享受到无微不至的服务，从而加大他们购买推荐产品的可能性。

3. 大数据背景下的市场营销打通了线上和线下营销网络，实现精准营销信息推送

采用互联网上海量的客户行为痕迹数据与线下交易数据相结合的方式对海量消费者的行为进行分析，使推送的信息更加精准。当前在互联网上可以记录消费者浏览网页、搜索信息的数据，在线下可以通过门店的 POS 机、视频监控记录、线下交易记录、注册的会员卡时客户填写的个人信息以及连接商场或者门店的 Wi-Fi 信号等方式获取客户的行为信息。这部分信息严格来说属于企业内部信息，但是随着这些信息越来越多，企业仅靠人力无法及时准确地进行整理。这些线上和线下的信息综合起来可以勾勒出消费者的行为习惯的画像，包括消费者的性别、年龄、所在地区、兴趣等，对客户的分类，以及总结不同类型消费者的消费需求和消费习惯有非常大帮助。企业在以上信息的基础上投其所好地进行营销信息的推送。这样以客户自己喜欢的方式推荐产品，只要需求分析正确，客户购买商家推荐产品的概率就更大。

第五章　大数据时代中小企业营销管理的创新与发展

4. 大数据背景下的市场营销可以进行市场预测

原来的营销手段只能根据企业掌握的历史数据分析当前市场的变化，找出能够抓住客户心理的方向进行营销，而大数据市场营销可以通过分析当下实时数据并将其与历史数据作对比，预测市场的发展趋势，为企业制定良好的营销战略打下坚实的基础。

（二）大数据下中小企业市场营销面临的挑战

1. 业务部门对大数据应用的原始需求不明确

大数据背景下的市场营销对很多中小企业来说还比较陌生，有的企业甚至只知道有这个名词，对具体的含义以及实施方法一无所知，所以即使企业决策层希望利用大数据为企业的发展和市场的走向提供数据支持，也很难对原始数据采集提出需求。对于企业来说大数据分析尚处于未成熟阶段，其具体效果也还需要评估。若投入比较多的成本而达不到预期的效果的话，会使企业蒙受经济损失。因此，大多数企业对是否采用大数据分析来进行市场营销持观望的态度。选择传统的市场营销方式，在企业看来即使存在自身的弊端，也能够给企业带来较稳定的经济收益，这就极大影响了大数据市场营销在中小企业中的发展。另外，企业自身存在很多有价值的历史数据和新增的实时数据，如果不加以挖掘和利用的话，会使企业失去跻身市场前列的机会。因此，企业需要培养业务人员了解大数据、利用大数据，使大数据的应用成为企业的业务发展的强劲动力。

2. 企业内部碎片化信息严重

数据碎片化的情况在中小企业内部非常严重，企业的营销部门往往分成多个营销小组进行营销。这样做的优点是各组在竞争的状态下，能够给企业赢得更大的利润空间。而缺点是在这种管理模式下，客户的信息和偏好往往是分散在直接营销人员手中，即使管理部门把这些数据收集上来进行集中管理，也不能从总体上真正了解客户。这只是一个部门之间的数据障碍，其他部门的数据也非常零散，这就导致了企业整体的数据不能形成一个体系。也就是说，企业的内部的原始数据不能被全面收集，其中的内在价值更难以挖掘，技术和分析工具也无法实现共享。大数据分析需要不同数据的关联和整合才能更好地发挥理解客户的优势，体现企业大数据的价值。

3. 内部数据可用性低，质量差

当今，很多中小企业没有找到一种合理的方式把不同类型的数据进行规范式的存储。这样往往导致存储的数据不全面，数据的可用性和质量都不能得到保障，更谈不上进行数据分析。企业只有找到一种切实有效的方法对数据进行规范式存储，才能使数据分析工作发挥强大的优势，才能从浩瀚的数据海洋中获取有价值的数据。企业在商业竞争中的表现与高质量的数据应用有很大的关联。

4. 企业内部管理数据的工具和技术相对落后且不愿改变

（1）传统数据库的管理能力难以满足日益增长的数据量的需求，对于处理 TB 级别的数据，传统的数据库尚不能支持。如何扩展大量的服务器支持海量数据处理，构建分布式的数据仓库是很多传统企业亟待解决的问题，但许多中小企业仍认为利用现有手段处理数据已足够。

（2）对于多数据类型的数据处理，大多数中小企业事先没有考虑到需要对结构化、半结构化和非结构化数据的兼容，因此，利用传统数据库技术难以对数据量庞大、类型丰富的数据进行处理。

（3）一般企业对数据的处理的及时性没有过高要求，定期统计出准确结果即可，而大数据对实时数据的处理都是以分钟或者秒来衡量的。

（4）大数据背景下的市场营销需要良好的网络架构、强大的数据中心来支撑。如何在保证数据稳定、支持高并发的同时减少服务器的低负载情况是数据维护中的一个重点工作。

5. 数据开放与隐私的权衡

大数据背景下的市场营销，原始数据的来源是进行大数据分析工作的核心。原始数据的丰富主要依赖于商业和个人数据的合理共享。如果可以在透明的监管下适度开放数据资源，企业就可以根据共享信息为消费者设计更符合其喜好的产品，为消费者提供更大的便利。但是，由于我国在数据资源开放和共享方面还比较落后。因此，如何建立一个在严格监管下的良性数据共享平台，平衡开放与隐私之间的关系，是我国发展大数据产业面临的最大问题。

三、大数据背景下中小企业市场营销的发展策略

（一）增强对大数据营销的重视度

要想使中小企业在大数据背景下有效进行市场营销，必须首先提升其对大数据营销的重视度。一方面，要在现有的基础上，加强对企业管理者的培训，使其充分认识到大数据对企业发展的重要性，进而在实际工作中不断推进对大数据及互联网营销的应用，提升企业市场营销的整体水平。另一方面，要促使企业积极学习和借鉴其他企业应用大数据营销的先进经验，根据自身的发展现状对其进行修正和完善，使其成为指导中小企业在大数据背景下实施网络营销的重要经验，以此指导中小企业实施更为有效的互联网营销策略。

（二）搭建网络营销平台

大数据时代背景下，中小企业的市场营销要发展，需要搭建网络营销平台，为市场营销发展创造有利环境。企业要实现与客户的面对面交流，需要搭建合适的交流平台，交流平台是网络营销发展的前提。对中小企业来说，网络营销平台不仅是联系客户的纽带，也是扩大产品宣传的重要渠道，中小企业加大对网络营销平台的维护力度，能提升客户对企业的关注度。搭建网络营销平台具体策略如下。

第一，维护现有网络营销平台，积极搭建更加先进、更高效的网络平台。现阶段，越来越多的中小企业已明确网络营销平台对于企业发展的积极作用，纷纷着手就网络营销平台做出改进和优化，旨在最大限度地发挥网络营销平台的优势来推进企业发展。除此之外，中小企业还需以社会发展趋势和自身发展需求为核心构建更加先进的网络营销平台，重视网络营销平台界面与性能的优化，将服务质量的提升纳入其中，通过高水平的网络营销平台吸引更多消费者。

第二，优化创新网络营销平台的形式和内容。构建全新网络营销平台时要摒弃传统营销思维，大胆对具有社会代表性的各类文字、图片或者视频等内容进行利用，在拉近与消费者距离的同时改变传统营销策略，使其更加符合当代消费者越发个性化的购物需求。

第三，强化营销平台网络数据收集和分析。用户信息反馈和分析是企业

提升营销效率和营销质量的基础与前提，便于企业对自身营销策略、营销手段进行改进和优化。所以说，中小型企业在利用大数据技术优势构建更加科学、先进的网络平台时，要强化网络数据的收集和分析，实时掌握消费者的浏览信息、消费信息以及反馈信息，为企业营销模式的改进提供有力的数据支持。

（三）制定科学完善的市场营销管理机制

各个企业在开展营销的过程中不仅需要营销机制的指导，更需要营销机制的管理。换言之，只有切实改善各企业营销松散的现状并对其进行规范管理，才可保证营销活动的有效性。首先，制定营销机制。中小型企业与大型企业相比，欠缺发展优势，营销状态也相对混乱、无序，所以需要利用规范的市场营销机制确保企业营销活动开展的科学性。中小型企业的管理人员与营销人员应在全面调研市场信息的基础上，构建符合自身发展的营销机制，后续各项营销活动的开展均需要将此机制作为直接依据。其次，明确营销管理制度。企业管理层以自身发展实情为核心就营销涉及的管理制度进行明确，监督营销人员规范、合理地开展营销活动。

（四）实施专业化人才建设

大数据时代的到来进一步强化了专业化人才对企业经营发展的重要作用。中小企业在实施市场营销的过程中要重视实施专业化人才建设。一方面，中小企业应该制定完善的规划和内容，对内部管理者和营销人员进行专业化培训，使其掌握先进的品牌营销理念和方法，并对培训结果进行考核，鼓励其将培训结果应用到实际的品牌营销工作中，使其品牌营销能够提质增效。另一方面，中小企业还要树立长远的人才发展观念，通过加大投入、完善人力资源管理机制等措施，从外部引进一批专业化的大数据及品牌营销人才，实现对现有人员结构的有效补充，为其品牌营销工作注入新鲜的血液，全面强化专业人才的保障作用。

（五）拓宽企业数据来源，构建数据安全防护机制

企业数据来源不能仅仅局限于已有的竞争合作体系，企业应从多种途径获得数据，如科研机构和海外权威机构等。此外，在拓宽数据获得渠道的基

础上，企业应注意保障数据安全。数据产生、收集后，主要目的是利用，如果数据提前被利用或泄露，则会出现风险和威胁。因此，构建数据安全防护机制是极为必要的，也具有一定的现实意义。企业应在内部宣传数据利用安全理念，构建数据利用流程，深入分析数据安全隐患，执行相关的应对措施。在传统企业管理思维模式下，领导具有一定的权威，大部分工作领导都具有决定权。随着大数据时代的到来，"用数据说话"具备一定的说服力。这种思维方式的转变需要企业管理方式逐渐变得民主化、协作化。民主化是给予员工一定的决策权，管理方式由员工进行决策，为员工提供所需信息以帮助他们优化工作；协作化主要应用于企业管理决策时，应当将群体融入决策，使团队成员具备价值感，如企业开展民主评议大会、采取团队协作手段等，使企业管理方式体现团队协作特色。

第二节 基于大数据环境的中小企业客户关系管理创新

一、客户关系管理概述

（一）客户关系管理的内涵

客户关系管理（Customer Relationship Management，CRM）的概念首先由 Gartner Group 提出，并于1993年形成了比较完善的理论体系。Gartner Group 认为，客户关系管理就是为企业提供全方位的管理视角，赋予企业更完善的客户交流能力、最大化客户的收益。1999年，国内学者开始引入客户关系管理，其逐渐被一些国内企业所重视。2001年，张国安、孙忠在《客户关系管理与企业文化》一文中指出，客户关系管理是企业文化的自然扩展和自我完善，客户通过客户关系管理与企业文化沟通，了解企业的理念、产品和服务，从而满足自己的期望；企业通过客户关系管理了解消费者的消费意向、个性，从而得到相应的回报，实现双赢互利的局面。

首先，客户关系管理是"以客户为中心"的发展理念。客户关系管理是在"客户满意"的理论基础上发展而来，并逐渐发展到"客户忠诚"，通过对客户的管理，提高"客户贡献度"。从功能上理解，客户关系管理是通过对客户信息的收集分析，达到对目标客户的精准营销。其核心思想是"以客户为中心"，提高客户的满意度，进而提高企业的市场竞争力。

其次，客户关系管理是企业提升竞争力的一种发展策略。客户的差异化导致客户需求的差异化，客户需求的差异化导致企业所生产的产品或所提供的服务必须差异化。企业要想根据客户差异化的需求提供产品和服务，必须实施客户关系管理策略，随时掌握客户的需求变化，从而提升企业的竞争力。客户关系管理是通过培养公司的每一位员工、经销商或客户对该公司更积极的偏爱和偏好，留住他们并以此提高公司业绩的一种营销策略。

最后，客户关系管理必须建立在科技支持之上。CRM 的提出，始终离不开技术的支持，技术的革新意味着能够将复杂的客户信息进行整理和储存，IBM 把客户关系管理理解为包括企业识别、挑选、获取、发展和保持客户的整个商业过程，把客户关系管理分为三类：关系管理、流程管理和接入管理。科技支持才能让客户关系管理发挥强大的作用。

（二）客户关系管理的相关理论

客户关系管理理论最早来自 20 世纪 80 年代营销学者提出的"接触管理"理论，即大量收集和仔细分析各种客户的信息资料，获得如咨询频率、采购金额、复购频率等数据之后，有针对性地对潜在目标客户展开促销活动。[1] 从 21 世纪初期开始，客户关系管理在很多企业中的地位和重要性大幅度提升，此时很多侧重于市场营销的企业开始设立电话销售中心、客户服务中心、客户服务部等内部专职机构，大力开展客户关系管理。

1. 顾客价值理论

在 20 世纪 50 年代初期，知名营销学者 Drunker 提出，客户从企业这里购买和消费的其实并不是产品，而是一种价值。后来，很多管理学者开始采用"顾客价值"这一词语。1988 年，知名管理学家 Thalami 基于客户关系管理的角度，提出了顾客感知价值理论。按照他对顾客感知价值的界定，顾客价值本质上就是顾客在消费产品或服务的时候所能感知到的利得，与其

---

[1] 张毅智，陆红梅，罗颖. 企业客户关系管理系统的设计与实现 [J]. 辽宁大学学报（自然科学版），2017（4）：233-237.

为获得产品或服务中所支付的各种成本,对两者进行对比之后对所购买产品或服务的效用给出的一个综合评价。[①]顾客价值理论后来得到进一步发展和完善,目前已经成为现代营销学的一种基础性理论。按照顾客价值理论的观点,企业市场营销的关键问题就是传递给客户更多产品或服务的价值。因此,企业开展市场营销的本质就是在企业与客户之间,通过双向沟通感知价值、创造价值和传递价值的过程。具体来说,感知价值的过程就是帮助企业和客户挖掘新的价值机会;创造价值的过程就是分析如何针对不同客户的个性化需求提供更富有新价值的产品和服务;传递价值的过程就是企业如何采取积极措施把产品或服务的价值有效传递给最终消费者。根据以上对顾客价值概念的分析,可以发现顾客价值有以下几个特点:一是顾客价值本质上是客户自己的一种主观判断,是客户基于通过消费产品或服务获得的一种主观性的感知;二是顾客感知价值的大小取决于两个因素的对比均衡,一个因素是顾客通过消费产品或者服务所获得的感知利益,另一个因素是消费产品或服务所支付的感知代价;三是顾客价值的实现具有层次性,首先是产品或服务的属性,其次是产品或服务带来的效用,再次是客户期望的结果,最后才是客户所期望的目标。

从顾客价值理论在客户关系管理中的应用来说,目前大多数企业正是因为深刻认识到了顾客价值对企业核心竞争力的重要性,才会花大力气投入各种要素资源、设置各种专职部门实施客户关系管理。企业客户关系管理工作中的接受客户咨询、开展客户拜访、客户信息反馈、处理客户投诉等工作,都是为了加强企业与客户之间的双向沟通,开发与维系企业与客户之间的关系,最终目的都是提升顾客价值。

2. 产品生命周期理论

产品生命周期理论最早由美国经济学家雷蒙德·弗农(Raymond Vernon)于1966年率先提出。按照产品生命周期理论的观点,产品的生命周期本质上就是一种工业制成品的市场寿命,即一种工业制成品从被研发出来进入市场到最终被新产品替代在市场消失的全过程。雷蒙德·弗农指出,产品生命是指工

[①] 殷琪. 企业客户关系管理系统体系结构研究[J]. 管理科学学报, 2017(11): 143-146.

业制成品在市场上延续的营销生命,在市场上要经历导入、成长、成熟、衰退这样的生命延续周期。由于各个国家的科技水平是不一样的,因此,产品生命周期在不同的国家发生的时间和过程是也不同的。具体来说,在不同技术水平的国家之间产品生命周期存在一个较大的需求差距和技术差距。正是因为在不同的国家之间存在技术差距和需求差距,所以同一种产品在不同国家市场上的产品性质和市场地位也存在差异,最终导致了不同国家之间国际贸易和国际投资的出现。产品生命周期最初是用来解释工业制成品之间的国际贸易和国际投资行为的,后来也被用来分析工业制成品的市场营销行为,被很多企业用来作为制定产品策略与营销策略的理论依据。企业的管理者如果希望自己企业生产的产品在市场上有一个较长的销售周期,以获得足够多的利润来弥补前期投入的产品研发成本和承受的市场风险,就应当深入研究和利用产品的生命周期。此外,很多市场营销人员在进行市场促销的时候,也常常利用产品生命周期描述产品特性、开展市场运作。

就产品生命周期理论在客户关系管理中的应用来说,尽管产品生命周期理论在市场营销的实践过程中存在这样那样的问题,但是,依然有很多销售人员把产品生命周期作为开展市场营销、进行客户关系管理的重要工具。根据每一个工业制成品产品所在的不同生命周期,企业的市场营销人员可以根据不同客户的个性化需求,集中优势营销资源制定有针对性的营销策略,促使企业的销售业绩提升,最终带动企业核心竞争力增长。根据产品生命周期理论,企业应当深入分析判断每一种产品当前处于生命周期的哪一阶段,并对该产品未来的发展趋势进行需求预测分析,也可以考虑把该产品投入其他相对落后国家的市场展开大规模营销活动,尽可能延长产品的市场寿命,最终带动企业的经济效益和市场核心竞争力的稳步提升。

二、大数据时代中小企业客户关系管理的创新策略

(一)应用大数据构建客户关系管理信息平台

就操作层面而言,基于大数据技术的客户关系管理系统不应被中小企业当作单一的信息化工具,仅仅在客户关系管理过程中使用。相反,为了全面贯彻以客户为中心的管理理念,中小企业应当把这个系统当作一个能够全面

第五章　大数据时代中小企业营销管理的创新与发展

实现信息共享的、综合性的企业管理应用平台，促进公司日常经营管理效率的提升，为企业的经营管理活动提供决策支撑。图5-1就是适合中小企业的基于大数据的客户关系管理信息平台示意图。

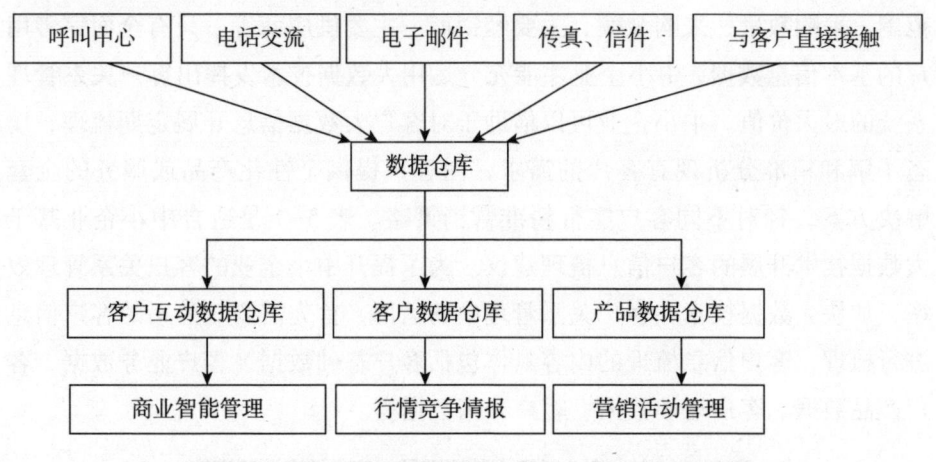

```
[呼叫中心]  [电话交流]  [电子邮件]  [传真、信件]  [与客户直接接触]
                          ↓
                      [数据仓库]
          ↓               ↓               ↓
  [客户互动数据仓库]  [客户数据仓库]  [产品数据仓库]
          ↓               ↓               ↓
   [商业智能管理]    [行情竞争情报]    [营销活动管理]
```

图5-1　基于大数据的客户关系管理信息平台示意图

（二）精确采集并更新客户数据

对于任何一家企业来说，企业内部管理活动中所采集积累的各种数据的准确性、完整性，是企业构建和运用数据库的信息基础，也是影响企业高效率决策的关键因素。对于中小企业来说，如果想通过大数据技术全面重塑和改进现有的客户关系管理系统，就必须依赖于准确性高、内容完整的企业内部各种数据信息。中小企业每天的生产、销售、物流各种市场活动都在动态进行，这些日常经营活动会产生和积累巨大的各类数据信息。因此，中小企业必须基于公司的业务流程精确采集数据、不定期更新客户数据。具体来说，中小企业可以基于现有业务和产品的特点，针对日常经营活动中获取的各类客户信息及客户BP（Buying Power）数据实施不定期数据更新。

1. 客户信息梳理

对于一家企业来说，基于大数据技术的客户关系管理系统能否真正发挥最大的价值，关键在于可获得数据的精确性、全面性。如果客户的基本信息及数据不够全面，或者不够准确，那么后续所有基于客户信息而展开的大数据技术应用是无法得出正确结论的，得出来的结论也不适合用来作为企业制定市场营销战略和实施企业内部管理的决策依据。因此，为了确保中小企业的客户关系管理系统高效率运转，必须广泛利用大数据技术全面收集完整的客户信息数据，如客户经营业绩、市场占有率、组织结构、经营行业、业务范围、采购数量、采购金额、主要经销商、主要供应商等。只有全面完善用户的基本信息数据，中小企业才能充分运用大数据技术发挥出客户关系管理系统的最大价值。中小企业可以借助于对客户大数据信息开展定期梳理，动态了解和精准分析现有客户的需求，向客户提供个性化产品或服务的全套解决方案，针对不同客户实行精准营销策略。表5-1是适合中小企业基于大数据技术开展的客户信息梳理建议。为了提升中小企业的客户关系管理效率，加快大数据技术在客户关系管理中的运用，首先需要对公司的客户信息进行梳理，客户信息梳理的内容具体包括客户基础数据、客户业务数据、客户产品数据、客户培训数据、客户开拓数据等。

表5-1 中小企业基于大数据开展的客户信息梳理建议

信息梳理项目	具体梳理内容
客户基础数据	客户经营规模、在职人数、组织结构以及公司内部决策链信息
客户业务数据	客户的主营行业、业务范围、采购数量、主要竞争对手信息
客户产品数据	主要涉及的产品、产品覆盖、产品配比、主要竞争对手产品导入情况
客户培训数据	针对客户需求安排有针对性的培训，导入有竞争力和战略型产品，评估培训效果，不断改进，提高客户与公司的黏合度
客户开拓数据	完善或改变针对公司客户业务主推的目标产品以及针对客户专属的关系开拓策略

2. 客户BP数据梳理

客户的识别和分类有一个常用的指标是BP，也就是Buying Power的英文缩写，主要用来对客户购买能力进行量化。客户的BP数据是中小企业基于大数据技术的客户关系管理系统真正发挥积极作用、针对有价值的核心客户展开精准营销活动的重要指标，它也是中小企业针对不同客户实施精准分类的数据基础。由于大多数客户的BP数据具有复杂性、动态性，因此为了最大限度地发挥基于大数据技术的客户关系管理系统的价值，中小企业有关部门必须确保客户BP数据的准确性，还应当对客户BP数据进行不定期的数据更新。

客户BP数据的准确采集建立在对公司不同客户的基础信息和业务情况全面掌握的基础之上，公司客户关系管理部门每年年初依据客户的生产经营情况，大致估算本年度不同客户的BP参考数值。由于这个BP参考数值来自年初的预估，所以后期需要对这个BP数据进行不定期的更新梳理。一般来说，大多数企业在实际操作中都要求每一个年度梳理一次，每半年度修正一次。笔者建议中小企业的客户关系管理部门按照表5-2所示的步骤开展梳理，以确保不同客户、不同产品的BP数据准确性较高，能够为中小企业利用大数据技术实施高效率的客户关系管理提供强大的数据支撑。

表5-2　中小企业基于大数据开展的客户BP数据梳理步骤

客户BP数据梳理步骤	具体梳理内容
第一步	明确销售任务责任人
第二步	导出客户BP数据清单
第三步	分类更新客户BP数据（年度BP数据、季度BP数据、月度BP数据、产品类别BP数据）
第四步	逐级审核客户BP数据（销售主管审核、销售经理审核）

（三）实施客户分类管理

客户的分层分类管理在企业管理中已达成共识，但目前中小企业客户分类管理的维度较为单一，缺乏对客户需求的精准把握，营销活动的开展及营销效果难以有突破性进展。运用数据库，通过分类分析和聚类分析，中小企业可以实现更为有效的客户分类营销和管理。

区别于传统的客户分层管理，通过大数据客户细分，可以将全体客户划分为多个组并刻画特征，创新推出根据客户交易行为习惯、地域分类的多维度划分方法，使组内客户高度相似，组间客户差异明显，便于企业在客户细分阶段便开始提高开展客户营销的精确程度。

1. 客户分类管理的重要性

通过客户细分，可以进一步提升中小企业营销工作的精确性和成功率。一方面有利于降低营销成本，提升客户体验；另一方面能够增强员工营销信心，提高员工工作效率。具体而言，运用大数据对客户进行细分，可以带来以下几个方面的管理提升。

一是精准营销活动，可以生成可控的目标客户群，实现营销活动的有的放矢。传统的广告宣传理论认为，广告效果取决于三大核心要素，即平台、创意和如何精确触达受众。其中，创意就是要基于对客户的深入洞察，运用人性的真理，提供新鲜的看法。大数据为中小企业进行数字洞察（数字创意）提供了基础，中小企业可以根据自身业务发展的需求，确定不同量级的目标客群，开展精准营销。

二是可以发现各个细分的客户特性和需求，有针对性地制订营销计划，实现客户营销的"量体裁衣"。通过大数据筛选出来的细分客户群，其个性特征更为集中、更为明显，一旦满足这一类客群的个性需求，相对而言销售目标的达成更容易实现。

三是有利于发现战略焦点和业务发展方向，为制定业务发展战略提供依据。通过分类，可以找出实际利润价值贡献较高的客户群或产品，为实现"向合适的客户提供合适的产品"提供准确的数据支持，减少中小企业制定业务发展战略的盲目性。

2. 客户分类管理的方法

根据客户数据信息，以及精准营销的实际需求，可以多维度对客户进行细分。通常情况下，运用数据库，可以从以下几个维度对中小企业的客户进行细分。

第一，通过客户价值与风险进行客户细分。按照客户的利润贡献（营业收入和利润率）和风险（流失倾向和信用风险）进行细分，对客户给企业带来的利润进行合并计算；同时，对潜在的风险进行辨识，将具有同等利润贡献、同等风险的客户进行分类管理。通过客户价值细分，企业可以研究每一次开展客户营销回馈活动的投入产出比，从而提高企业营销成本投入的科学性及有效性。

第二，通过人口统计与心理特征进行客户细分。按照客户的人口统计属性（包括年龄、收入等）和心理特征（如生活方式、兴趣爱好等）进行细分，把握客户的消费需求。通过大数据的有效判别，对客户的年龄、收入结构、消费需求进行细分，及时有效地跟进细分客群，做到在合适的时间向合适的客群销售适合的产品。

第三，通过地理位置进行客户细分。单纯按照客户的地理位置进行细分，将客户分为社区型、园区型、校区型、商贸区型等，不同地理位置的客户的需求存在较大差异。在城市化发展进程中，部分城市的高档社区、棚户区客户形成了鲜明对比，不同区域的客户在消费需求、价值贡献等方面也明显不同。企业在进行营销资源投入时，可以参照地理位置细分结果实施，节约营销资源，提升营销效果效率。

（四）构建高价值客户流失预警制度

根据市场营销学者的理论研究，大多数企业开发一个新客户所需要支付的各类成本，是维系一个高价值老客户所需支付成本的3倍。大数据技术可以帮助企业根据客户信息的各种指标变化，精准分析高价值客户的动态变化情况，从而提前给出客户流失预警。一般来说，高价值客户的主要特征表现在两个方面：一是规模效应大，二是维系成本低。开发和维系与高价值客户之间的关系，是目前很多中小企业在日常的客户关系管理工作中高度重视的问题。如何利用基于大数据技术的客户关系管理系统提升高价值客户的满意度和忠诚度，也是中小企业改进客户关系管理、提升企业核心竞争力的关键问题。因此，为了降低企业的整体营销成本，留住高价值的老客户，中小企业应当构建一套基于大数据技术的价值客户流失预警制度，及时发现和提前预警高价值客户的流失问题，并采取针对性的措施进行改进。具体来说，可以通过采取以下措施来构建高价值客户流失预警制度。

一是构建合理的客户流失指标体系。中小企业可以以季度、年度客户BP数据，以及季度、年度采购金额为核心指标的综合指标体系精确分析客户流失风险，特别是需要借助大数据重点分析高价值的老客户流失风险。此外，这个综合性的客户流失指标体系不仅要考虑客户的购买意愿和实力，还需要综合考虑客户的销售回款和信用情况。

二是将客户流失指标体系导入系统。一旦适合中小企业实际业务情况的客户流失指标体系构建起来，企业就必须将该指标体系导入其CRM系统，运用大数据技术来分析导致高价值客户流失的各方面因素。

三是合理实施高价值客户挽留措施。当中小企业客户关系管理部门运用大数据技术分析出高价值的客户流失原因之后，必须立即采取合理可行的措施，如电话回访、实地拜访、新产品展示及试用等，加强与高价值客户的沟通，设法挽留高价值客户。

第三节　大数据时代中小企业精准营销的发展

一、精准营销概述

（一）精准营销的概念

精准营销是指对顾客进行精准定位，在此基础上与客户建立一对一的沟通交流，为客户提供个性化的服务体验，其核心在于让产品的广告、信息和活动在恰当的时间，通过恰当的渠道和恰当的方式，精准传递给恰当的人。

（二）精准营销的特点

精准营销的特征主要体现在以下五个方面。

1. 目标客户的针对性

对于精准营销来说，有针对性的目标客户是至关重要的一点，是实现其他营销手段和过程的基础。所谓目标客户的针对性就是指对客户作出精确的划分，将其分为目标客户和非目标客户，针对目标客户采取相关的营销措施以达到营销的高效率和精确化。现在的精准营销可以应用大数据技术到海量数据库中进行数据的研究和分析，找到目标客户的处理分析结果，从而给予目标客户准确的产品或者服务。

2. 成本的性价比

精准营销是以实现低成本和高收益为目标的，这就要求企业在确定目标客户之后采取各种办法降低成本来保证收益的最大化，因此，企业一般会采用成本较低的营销方式，如利用网络的低成本、高效率优势进行网络广告的宣传和营销。

3. 效果的可对比性

精准营销是一种基于客观事实的营销方式，而非营销者的主观臆测和判断，精准营销以营销活动过程中的结果记录为依据，依据准确的数据采取相关的措施。今天高科技技术的进一步发展使得对精准营销的经过和结果的监测更为方便和全面，技术的支持可以将营销过程和效果准确地反馈给营销者，从而优化营销的流程。同时，营销人员可以充分利用可管理的营销过程和可统计的营销结果，积极对影响营销的因素作出准确的分析，从而对营销策略和规划作出适当的对比调整，以期实现营销的最优化目标。

4. 沟通的互动性

传统的营销往往是企业与目标客户两者间的一种直接交流活动，这种直接的交流方式会受到时间、地点、形式等多方面的限制，尤其是信息收集的限制。企业和客户双方对于信息的了解往往都会受到各种因素的影响，进而影响双方的合作，如信息量的局限和交流方式的简单化使客户对自己所需要的产品或者服务缺乏详尽的了解，而企业也未就目标客户在交流过程中提出的问题作出细致的分析并采取相关的措施以解这一问题。所谓沟通的互动性就是企业角色的转变，即企业要实现由单纯的信息传递者向信息的传递者和接收者双面角色的转变，在向客户传递消息的同时接收客户的反馈消息，实现双向交流，这样沟通的效率会有显著提高；企业可以为客户提供交流沟通的平台，如设置专门的客户讨论区域，同时可以充分利用口碑效应的感染力，影响目标客户的消费选择，相比传统营销，这是精准营销最大的变化。

5. 精准程度的变化性

精准营销所要实现的精准化目标并不是一蹴而就的，这是在实践的发展变化中不断作出调整和改变，从而达到相对精准的过程，没有哪一个发展阶段可以定义为绝对精准，每一个发展阶段的目标都是更精准，所以精准程度是变化的。

(三)精准营销的实现方法

精准营销的使用可以将企业和客户的成本都降低,使精准投递客户的个性化需求的信息得以实现,对企业和客户来说是双赢,有益于企业增加利润和提高客户对企业的忠诚度。精准营销使企业和客户距离拉近,缩短了渠道,减少了中间的各种成本,为企业节省了成本,促进了利润的提高。精准营销的种种好处驱使企业使用精准营销以实现目标。要实现精准营销可以采用如下策略和方法。

1. 精准的市场定位

由于客户可以根据其特征分为不同的类别和群体,与之对应的产品就需要进行市场定位。为了实现精准营销,企业首先要对市场进行细分,企业的目标市场就是选择合适的市场,以此来找到自己的市场定位。不同的公司的市场定位不同,但是并不是公司所有的产品在市场上的定位都是一样的,公司内部的不同产品在市场上的定位也有差别。此外,要将目标客户群体的需求特征清晰无误地描述出来,做到知己知彼,使产品和服务能更好地满足目标客户群体的需求。

2. 建立目标客户的信息数据库

在明确目标客户和精准的市场定位后,进行相应的消费群体交易,这为数据库的建立提供了得天独厚的条件。每次用户使用互联网访问时,都会留下行为痕迹和行为轨迹,用户查询或访问产品的类别、次数、浏览停留的时间、购买的频率、购买经历、购买力等历史记录都是宝贵的数据。可以使用数据挖掘和分析等技术处理这些行为数据,较为准确地分析出用户的消费习惯、购买倾向。企业在进行精准营销时可以将这些数据加以利用。

3. 高效的顾客沟通系统

精准营销提倡一对一沟通,以拉近公司业务人员和客户之间的距离。为实现企业和目标客户双向互动沟通的即时性和有效性,企业需要建立高效率、高质量的顾客沟通系统。在多次互动沟通中,客户对企业和产品的好感会提升,最终可能会产生购买行为。此外,在即时高效的沟通中也可以得到客户对产品的反馈,企业可以对之作出快速响应。

4.充分利用各种有效工具

随着互联网的发展和网民的快速增加,各种互联网方式和手段都可以成为精准营销的重要工具,如手机短信、e-mail 广告、搜索引擎、门户网站、博客、微信、微博、关键词搜索广告等。这些方式都能够比较快速准确地实现企业和用户间信息互通、即时信息互动和反馈。拿关键词搜索广告来说,消费者获取信息主要是通过搜索引擎,如百度等。消费者会使用搜索引擎对自己想了解的或感兴趣的信息进行查询搜索。若企业已经购买关键词广告或用其他方式使企业自身的产品出现在搜索结果中,消费者搜索查询与之相关的信息时,该企业的信息就会展现在消费者面前。相对于传统广告而言,这种做法更加精确且成本低。

二、大数据时代精准营销的升级与变革

(一)精准营销在消费者研究上更加深入

以客户为中心是精准营销的核心,为了作到精准营销,要了解客户消费群体,传统的营销是通过抽样调查的方式来研究消费市场,以此通过局部数据来描绘整体市场。相对大数据,这种随机抽样调查方式获得的数据称为小数据。在当时缺乏大数据技术的前提下,使用抽样调查获取市场研究数据,是暂时性的选择。

传统市场调研的方式通过人口统计、销售历史数据、小样本分析等方法进行消费者画像以锁定目标客户人群。以抽样调查法获取的数据,是一个静态的、类型化的生活时刻截面。就算加上小样本连续研究的面板数据,也只能反映一段时间内消费者消费趋势的变化,难以反映消费者在购物动机产生前、购物动机产生时、购物动机产生后的各个时刻的连续动态场景。因此,调研的结果会高度依赖营销人员的经验推理,难以客观反映潜在消费者的特征、未表达的需求、真实消费的行为和日常生活场景中无消费动机时所产生的营销刺激。

如今,这些缺陷可以被弥补了。在大数据时代,数据是全体而不是随机。利用生活时刻的聚合去刻画消费者的画像,这可以帮助营销人员克服传统营销方法的缺陷。通过对消费者在网上等留下的数据进行聚合、挖掘和分

析，可以帮助我们从真实发生的生活行为、消费轨迹出发，在个性化需求和群体化需求两个尺度之间自由选择。总之，在客户定位上，大数据为精准营销提供了技术支持和更全面的平台。

在大数据时代，消费者画像的数据来源更加丰富，企业能够进一步细化消费者市场，使消费者画像由单一化走向多元化，能够对市场变化进行局部调整，这使企业市场运营更具灵活性。相对于小数据而言，大数据时代下对消费者画像的改变大致体现在以下几个方面。

首先，基于小数据的消费者画像只是基于性别、年龄、收入等人口统计数据的类型化描述，多数停留在浅层描述阶段，只见外在的轮廓不见内心。而基于大数据的消费者画像能够深入消费者的生活场景，不仅能够观察消费者行为的环境因素，而且可以深层次地解读目标客户的价值取向，从而更能够了解目标客户的真实想法。

其次，在小数据时代，由于市场调研的周期性和成本控制，企业不能时时探查消费者的变化情况。所以依照市场调研的小数据描述出来的消费者画像多为静态的。但是在大数据时代，消费者的点滴变化都可以被实时记录，企业通过计算机辅助智能化分析可以及时探知、了解市场变化，故消费者画像也具有动态性。

最后，企业在做市场调研的时候，往往只关心与消费者行为直接相关的行为和数据，而对其他间接的生活方式视而不见，这就割裂了消费行为与其他生活行为、社交行为之间的内在关联性。在大数据时代，用户的消费行为和其他社会生活行为在互联网平台上展现出来，生活行为和消费者的关联性可以被清晰地挖掘出来。因此，对消费者的画像也由单一化、类型化描述走向了多元化描述。

总之，在客户定位、消费者画像等消费者研究上，大数据为精准营销提供了总体数据和智能技术，使精准营销在消费者研究上出现了质的飞跃，对用户的定位和刻画更加准确和深入。

（二）精准营销在内容推广上更加精准

在大数据时代，为了推广企业的产品，企业可以通过对用户的大数据分析和挖掘，定位潜在的消费人群和目标客户，针对这一群体进行内容上的精准推广。这种精准的推广,并不会给目标群体带来困扰和麻烦,反而有利于加深潜在目标客户对企业认识了解的程度。

此外,对既有消费者,企业可以通过消费者的购物历史记录、搜索记录、浏览记录、购物时间等各种购物行为和习惯,分析出消费者的购物偏好和购物倾向,对其进行一对一的定制化广告和商品推送。例如,电商平台的个性化推荐页面的"猜你喜欢"等是很好的例子和体现。

除了一对一个性化内容推荐,大数据还可以帮助精准营销实现可验证性的、实时的内容精准推广。企业可通过大数据分析,对某用户进行广告和商品推广。当该用户登录电子商务的网站时,该网站可以实时获得该用户的信息,进行实时性的商品和广告推荐。但是进行跟踪后发现该用户对此推广不感兴趣,那么可以换一批信息推广,这样既可以得到反馈又可以得到验证,并且不断循环得到优化的结果。

不同于传统的精准营销,大数据可以使精准营销的个性化、一对一、实时性和可验证性等得以实现,使精准营销在内容上的精准程度升级。

三、中小企业大数据精准营销的思路和体系

中小企业大数据精准营销的思路和体系如图 5-2 所示。

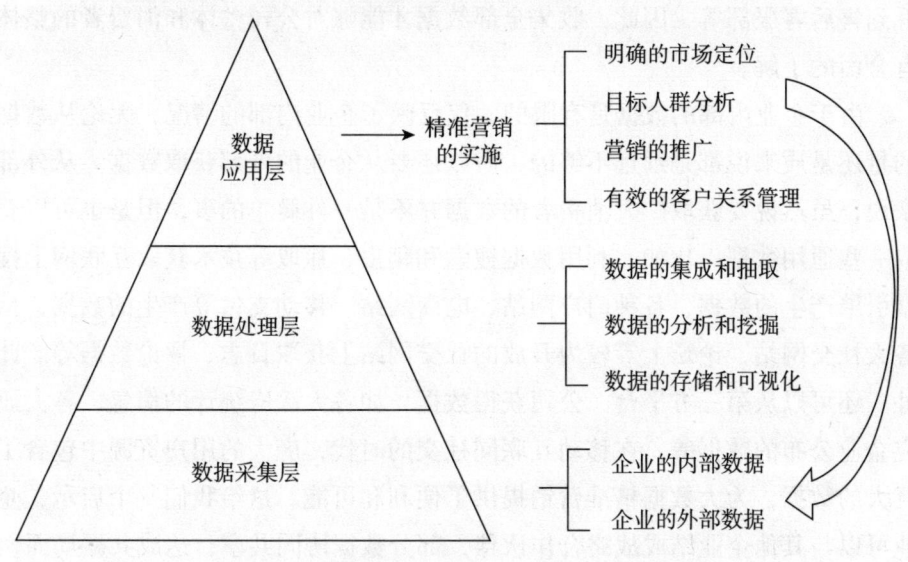

图 5-2 中小企业大数据精准营销的思路和体系

基于大数据的精准营销思路,主要从数据的采集层、数据的处理层、数据的应用层这三个层面进行。数据的应用层中是精准营销策略的实施部分,在此部分中主要从明确的市场定位、目标人群分析、营销的推广和有效的客户关系管理实现。在精准营销实施后,大数据精准营销体系并没有就此结束,而是使实施前、实施中和实施后的数据再次进入数据的采集层中,以此不断实现精准营销,让营销一次比一次更精准,形成一个动态的精准营销闭环体系。下面对大数据基础上的精准营销体系的三个层面、四个实施部分进行介绍。

(一)数据的采集层

在大数据时代,掌握了海量的数据才有可能从数据中挖掘出价值。从数据的来源上分,数据可以从企业的内部和外部来获取。在企业内部数据中,除了用户在官网购物上留下的历史交易记录、浏览的痕迹、浏览的时间段和停留的时间、对产品的评价消费行为等数据,企业内部数据中的仓储数据、物流数据、财务数据等,甚至还有一些借助于平台的数据如消费者投诉数据等其他数据都可以被采用。这种企业内部的数据不单单是收集市场部门的数据,跨部门数据也要收集,因为一个消费者可能在购物后对物品不满意,投诉到售后客服部等,因此,收集全部数据才能够对公司整体和消费者的整体有全面的了解。

由于企业内部的数据是有限的,仅反映了企业内部的情况,无论从数据的量还是质来说都是远远不够的,所以还要从企业的外部获取数据。从外部来说,虽然说要获取广大消费者的数据并不是一件简单的事,但是也可以获取一些通用数据。比如,利用数据搜索和爬虫、抓取等技术获取互联网上搜索引擎产生的数据,各种门户网站、电商网站、移动支付等产生的数据,从各大社交网站、论坛上等较为开放的社交网站上获取日志、评论数据等。此外,还可以从第三方平台、公司获得数据,如各大政府统计的信息、各大研究企业公布的数据等。在移动互联网社交的时代,庞大的用户资源中包含了巨大的数据,为大数据精准营销提供了便利和可能。这给我们一个启示,企业可以与其他企业结成战略合作伙伴,部分数据协同共享,达成共赢局面。

（二）数据处理层

数据的处理层是对数据的采集层里的大量的数据进行处理，数据的处理层是核心技术部分。数据的处理层主要建立数据分析模型，在这个模型中主要使用基本统计、机器学习，如数据挖掘的分类、聚类、关联、预测等算法。如果将海量的数据比喻成沙子，那么数据的处理技术就是一种能够从沙子里淘金的工具。对数据的处理往往也是很多中小企业头疼的部分。不同于之前的数据都是结构化数据，大数据时代下收集起来的数据种类丰富繁多，数据中还有大量的非结构化数据，并且这些非结构化数据产生的速度很快，所占的份额也越来越大，对数据处理的技术要求也越来越高。数据量大并不一定表示数据价值的增多，相反地，有很多数据都是无意义的信息，数据噪声的增多会干扰真正有价值的真实数据。在数据分析之前，要求对数据进行清洗、筛选等抽取处理，保证数据的质量和可信性，然后对数据进行集成，如对同一个用户统一使用一个ID等。在对数据抽取和集成后，进入了整个大数据处理流程中的核心部分，即数据挖掘和数据分析。数据挖掘技术能够对用户数据进行分析、聚类，对数据进行关联性分析，将有价值的、潜在的信息和知识从大量数据中抽取出来，将隐藏的、容易被忽视的营销点和规则找出来。此外，还要将数据分析进行存储和结果可视化展示，以便提取和使用。在大数据的处理上采用了很多技术和处理工具，如Mpp数据库、Hadoop大数据平台、ETL技术应用于大数据技术架构，语义引擎、数据挖掘算法和OLAP、预测分析、分布式文件系统等技术是大数据挖掘的核心技术。适用于大数据分处理的技术很多，但是大数据应用的快速发展，对大数据的处理技术提出了挑战，相关的技术也在不断改进中。越来越多的大型企业开始重视大数据研究中心，自主研发和处理大数据。但是对于中小型企业，由于本身经济和技术有限，难以实现建立大数据平台进行自主处理，那么这时候可以充分借助于第三方公司。如今出现了很多专门处理大数据的第三方公司，如艾瑞、尼尔森等，中小型企业可以借力。

（三）数据应用层

数据应用层通过对数据的采集、数据的处理，将其结果运用于精准营销之中。结合大数据精准营销策略可以分为四个部分来制定和实施。

1. 明确的市场定位

实现精准营销的第一步，就是要在市场细分的基础上有明确的市场定位，不同的产品有不同的市场定位。不同市场定位的目标客户群体的购物偏好也各有不同，这些不同决定了营销的方式和内容上的区别。只有明确了市场定位后，才能有针对性地进行精准营销。

2. 目标人群分析

对已有客户的访问数据进行积累，对消费者的行为习惯和消费偏好等行为数据进行数据挖掘分析，如对性别、年龄、职业、购物的时间段、浏览的商品、浏览的时间、从放到购物车到结算的时间间隔、消费偏好和习惯等信息进行交叉分析。结合处理好的用户行为数据和业务人员的丰富实战经验，企业可找到目标客户群体的特征，即用户画像。用户画像可以是描述群体的共同特征和偏好，也可以是对某个消费者的个性进行详细描述。企业可通过已有的用户行为数据分析，针对潜在的消费者和已有的消费者进行精准营销。通过对已有用户的分析后得出的用户画像，来寻找潜在的消费者，进行营销推广，实现低成本、高回报的精准营销，将潜在的消费者转化为购买的客户，提高营销的转化率。对已有的用户，进行针对性的营销，让其二次或多次购买，增加用户的购买频率、提高其购买的额度，培养客户的购物习惯，并且使客户成为企业的忠实客户。

3. 营销的推广

具体到实践中，精准营销推广的方式和手段多种多样，如比较传统的手机短信，还有一些基于互联网的新手段，如基于网络的搜索引擎营销、门户网站广告投放，基于社交网络的博客、微博、微信等，以及在网络视频、影视中插入和投放广告等。以下就社会化营销、网络广告营销、个性化推荐和电子邮件营销四种方式进行介绍。

（1）社会化营销。社会化营销平台就是利用互联网社交媒体或者平台进行信息的传播和最新资讯广告的发布，从而形成一种可以进行营销、开拓客户、维护客户关系、对公共关系和公共危机进行处理和发布的平台。常见的社会化营销平台和媒介主要包含论坛、博客、微博、微信、自媒体或组织媒体平台。它的巨大威力在于，企业不需要与300万个消费者直接接触和宣传自己的产品,只需要通过合适有效的方式告诉3000个合适的消费者,他们会帮助企业去告诉300万人。中小企业在借助社会化媒体进行精准营销时,要把上述媒介定位成受众精准的商务平台,只有这样才能发挥更大的力量。

为了使营销更加精准化,要先甄选用户,通过标签、话题、内容、评论等寻找到目标客户,增加品牌和产品的曝光度,进行交流,开展互动和营销。但是需要注意的是,借助社会化营销平台,如微信、微博等,创建了自己的圈子,需要结合自己的特点做好内容,同时要考虑到用户的体验,不要一味推送自己的内容。社会化营销平台是为用户服务的,不是为企业服务的,只有在企业推送的东西中有用户想要的东西,他们才会信任企业,接下来的营销也就顺理成章了。

(2)网络广告营销。网络广告就是在互联网上投放的各种形式的广告,一般是利用网站上的广告横幅、文本链接、多媒体的方式,在互联网刊登或发布广告,通过网络传递到互联网用户的一种高科技广告运作方式。与传统广告相比,网络广告有性价比高、表现形式多样、互动性强、灵活性好、精准度高、效果可以精确统计的特点。基于大数据的精准营销,已经对目标客户群体有了比较明确的刻画和类型化。互联网上的各种网站和平台种类繁多,用户细分程度较高,企业可以根据自己需求,有针对性地进行各种精准性的投放。

网络广告投放形式有网幅广告、弹出式广告、富媒体广告、视频广告等。由于现代人们尤其是年青的一代主要在互联网上看视频并且这个用户数量越来越多,视频广告应运而生。视频广告的投放方式与传统的电视广告很类似,如在节目开始前、节目中间和节目结束后播放视频广告。以视频广告为例,企业可以通过对用户行为和偏好的挖掘,在有针对性的相应视频中插入广告。比如18~25岁的目标客户群体比较喜欢看娱乐综合节目而不喜欢看战争类节目,于是可以在综艺节目中插播广告。

在网络广告投放之后,通过对广告的浏览量、点击率、转化率、千次展示收益等指标进行监控和计算,广告主和企业可以非常准确地得知广告的投放效果,包括浏览人数、点击人数、通过广告实现购买产品成功的转换率等。通过效果的反馈,来调整和优化网络广告,提升效果。

（3）个性化推荐。个性化推荐有利于提高用户忠诚度和用户体验，提高用户购物决策的质量和效率，提高成交转化率，也有利于提高网站的交叉销售能力。个性化推荐系统需要在合适的时机（比如进入首页、点击浏览、搜索、加入购物车等），用合适的渠道在合适的地方将合适的内容向合适的用户进行成功推送。由于周边环境时刻在变化，个性化推荐系统要求实时计算和推送，才能达到最佳效果。中小企业在通过大数据用户画像和商品画像综合计算后，在用户浏览时、放在购物车后等待时机，用"猜您喜欢""您可能还需要购买"等方式对商品进行推送。个性化推荐属于网站内的主动推荐，更能达到精准营销的效果。

（4）电子邮件营销。作为精准营销中比较传统的方式，电子邮件营销一直被中小电商企业使用。在注册网址时，用户一般都会留下常用的邮箱地址，这是非常有价值的信息。企业可以通过在线订阅、有奖调查、网站注册、与其他企业合作互换资源、网上搜集等方式获取用户的邮箱地址，对这些用户发送广告，试探该用户是否对企业的产品感兴趣，是不是目标客户，是对潜在目标客户进行推广的一种方式。另外，对既有客户的行为和消费偏好进行行为数据研究，可以通过邮件经常向用户推广一些他们感兴趣的产品信息、实惠的促销消息等定制化的信息，这样营销的准确率会更高。通过点对点的电子邮件的营销方式，还可以维护用户的关系、提高用户的黏度，促成二次或多次销售和传递消息。

（四）有效的客户关系管理

客户关系管理（CRM）几乎在所有领域都是不容忽视的，大部分公司都能够意识到客户关系管理的强大威力。真正的CRM并不是在时间轴上人为地创造切入点，而是应当在业务节点上顺理成章地创造CRM的切入点。客户的需求才是商家的追求，这是客户关系管理的本质。每隔一周、一个月，或者三个月给客户推送一些短信、邮件，甚至发一些微信的客户关系管理都不一定非常有效。与时间节点相反的是，我们应该在订单付款的时间节点、发货的时间节点、货物送到的节点、开始配送至目的地的节点等方面给客户推送服务或者资讯，效果要好很多。用电子邮件派送使用说明书、各类定向推送活动，如在8月对北方区域推送羽绒服促销信息，或者是断码库存

（服装或者鞋子品类）推送给对应人群的促销信息，抑或是生日营销，都是很好的 CRM 业务切入点。CRM 需要在客户接触的点，如浏览网站、在线咨询、售后呼入咨询等一系列的节点强化与客户的良好关系。客户关系管理要做的是充分挖掘客户真正的需求，这是最重要、最困难的地方。客户关系管理操作过程要按照业务节点顺其自然地执行，CRM 整个实施过程是系统化和长期性的。

因为每个客户的需求和个性偏好都有所不同，所以与各个顾客沟通时，要有的放矢，确保沟通内容准确，方式容易被接受。互联网时代信息相对透明，大数据战略也让客户信息更加裸露，企业可以通过数据挖掘获悉一些客户的需求和行为习惯，从而提升客户关系管理的有效性。有效的客户关系管理可以拉近企业和客户的距离，促成二次销售。电商行业的客户关系管理刚刚起步不久，尚处于探索阶段，需要适当借鉴和吸收传统行业的优秀经验。

第六章 大数据时代中小企业信息管理与质量管理的创新与发展

第一节 大数据驱动中小企业信息管理的创新与发展

在大数据时代背景下，数据信息管理已经成为中小企业管理的重要组成部分。随着数据信息的不断膨胀，其对企业的未来发展起着越来越重要的作用，所以，企业的信息管理对于现代企业的生存和发展，有着非常重要的影响。现代企业在运营管理过程中，做好信息管理工作，刻不容缓。

一、大数据在中小企业信息管理中的价值

（一）提升企业信息管理的效率

大数据应用能够切实有效地提升信息管理效率。通过对数据的广泛收集和高效分析，数据掌握者能够更快速地实现信息检索和分析汇总工作，使信息管理工作处于持续的良好状态，避免信息数据因人为原因流失，改善信息数据管理的实际模式。

（二）提高企业信息管理的科学性

大数据技术能够使信息的分类管理和分步管理更加有序和科学。大数据技术将数据片段整合为整体，进而能够实现分类管理，使不同属性的信息能

够整合成为一个集合，继而根据相应的信息特点和特质实现有针对的管理，使信息管理的科学性更加突出。同时，大数据技术运用可以使信息管理的流程化更加有序，实现分步的信息管理，使信息规范性更强。

（三）增强企业信息管理的人性化

大数据能够根据不同的信息管理和信息使用者的使用习惯，体现出信息应用的人性化。在实际的信息管理过程中，信息管理者所遵循的基本管理规则和事项成为大数据技术平台的基本规范，进而提升信息管理的实效性，满足信息高效利用的需要。同时，大数据技术平台能够实现可视化操作，降低信息管理的劳动量，增强信息操作的专业性。

二、大数据时代中小企业信息管理的难点

（一）结构复杂多样，统一标准规范难

大数据结构复杂多样的特性给信息资源统一标准和规范的建立带来麻烦，使体量庞大的结构化和非结构化的信息资源处于无序组织状态。标准化、规范化企业信息资源是未来企业信息化建设的重点和难点之一。

（二）动态性与交互性并存，实时精准管控难

互联网信息是企业信息资源的重要组成部分，互联网信息的动态性是显而易见的，它具有很大的自由度和随意性。同时，交互性是网络信息传播的最大特点，互联网成了企业与用户沟通的桥梁，企业和用户共同参与，使信息双向流动。企业对信息资源实时精准控制的难度越来越大。

（三）数量庞大且内容多样，深层价值挖掘难

一方面，企业与外部的客户、合作伙伴通过文本信息、社交网络、移动应用等形式进行互动时产生大量的数据；另一方面，企业内部生产研发、综合办公、视频监控等日常经营管理活动中产生大量信息。企业在PB级甚至EB级的数据中寻找相关信息无异于大海捞针，利用信息驱动决策的成本和复杂性与日俱增。

第六章　大数据时代中小企业信息管理与质量管理的创新与发展

（四）管理体系与技术发展不对称

传统粗放式信息资源管理的整合度不高。大多数企业缺乏有效的方法、手段和机制对信息资源进行管理，无法及时有效地对信息资源进行提取、集成和分析，信息整合度非常低。

信息资源管理的核心目标就是确保信息资源的有效利用，作到正确决策。企业只有深度认知大数据特征以及大数据给企业信息资源管理带来的难点，才能有序组织和管理结构复杂、大量、实时且潜在价值高的信息，及时、准确地挖掘分析出海量数据信息的潜在价值，确保信息资源的有效利用。然而，多数中小企业对大数据的认知还只停留在表面，导致信息资源的有效利用率偏低。

（五）信息资源管理缺乏数据治理体系化建设

数据治理尚属比较新兴的、发展中的概念，随着大数据、云计算、移动互联网等新一代信息技术的飞速发展，企业亟须数据治理来输出可信度高的数据。然而，目前国内绝大多数中小企业在数据治理方面还处于初级阶段，只是做了简单的数据质量检查、数据归档、数据安全等分散性的数据处理工作，没有形成数据治理方法论，数据作为企业核心资产来运作的理念尚未形成，完整的数据治理体系建设缺失。

三、大数据时代中小企业信息管理创新的原则

在大数据时代，中小企业信息管理创新应遵循以下基本原则。

（一）要把提高信息管理效率、优化信息过程作为追求的主要目标

提高信息管理效率，优化信息过程和信息资源配置，不仅是企业信息管理创新的主要目标，也是企业管理追求的目标。因此，企业在信息管理创新方案的设计中，必须围绕提升信息管理效率的目标进行。同时，企业信息管理创新必须注重绩效的评价，把是否提高了信息管理效率作为信息管理创新绩效评价最重要的依据。从信息管理创新的过程来看，信息管理创新必须有利于企业信息资源的收集、分析加工、存储和快速传递，具有较好的信息反馈机制，有利于企业网络化信息管理，有利于企业管理信息价值的及时实现。

（二）最大限度地满足企业的信息需求

企业信息管理创新是为了最大限度地满足企业各个管理层次、各个业务部门的信息需求，尤其是企业战略决策和创新的信息需求。因此，现代中小企业信息管理创新必须把满足企业的信息需求作为出发点和最终归宿。一方面，信息管理创新方案的设计要以企业的信息需求为基础；另一方面，信息管理创新方案优劣最基本的评价标准就是能否满足企业的信息需求。

（三）充分利用现代信息技术

现代信息技术和企业信息管理创新之间是一种互动的关系。一方面，现代信息技术的发展促进了企业信息管理创新，为现代企业信息管理创新提供了良好的环境和条件；另一方面，信息管理创新的实施又进一步推进信息技术，尤其是企业信息技术（如企业信息系统等）的发展和优化。现代信息技术是企业信息管理创新最重要的支撑工具。信息组织重组、信息管理流程再造、信息管理模式变革、信息系统重构等信息管理创新过程，都离不开先进的现代信息技术。因此，在企业信息管理创新过程中，必须充分利用现代信息技术，构建支撑企业信息管理的信息化平台。

（四）要体现先进性和环境适应性

企业信息管理的创新必须充分体现时代的特征，融合管理创新和信息管理的最新理论、思想和方法，确保方案的先进性。由于现代信息技术的快速发展，企业的内外部环境变化也比较快，新的管理理念和思想不断涌现。因此，企业信息管理创新方案的设计必须具有一定的前瞻性、扩展性和灵活性，能较好地适应环境的变化。只有这样，企业信息管理才能有持续的效用和活力。

（五）应符合我国企业的实际情况

一些发达国家企业的信息管理水平比较高。对于国外出现的企业信息管理的成功方法和经验，我们应该进行了解，开展研究，有选择地学习和借鉴，但绝不能盲目照搬。一方面，国内企业和国外企业在许多方面都存在着差异，我国企业正处于转换机制、构造市场经济主体的时候，而国外的企业是完全自主经营的经济实体，在成熟的市场经济环境中经营和发展；另一方面,各个国家的文化背景不同。因此,在具体的信息管理创新过程中,我们不能完全照搬国外的信息管理模式和信息管理制度,而应结合我国具体的国情及企业自身的实际情况来付诸实施。

(六)应全方位将创新贯穿于信息管理的全过程

企业信息管理创新是一项复杂的系统工程,它是一个全方位、多层次的信息管理创新活动,因此,在企业信息管理创新的实施过程中,必须从企业信息管理所涉及的内容和范围进行全面的系统化创新。例如,从信息管理层次来看,不仅要进行信息战略管理层创新,而且要进行信息战术层管理和作业层管理的创新,强调全员性、全方位和全过程,只有这样才有可能达到信息管理创新的目的。

四、大数据时代中小企业信息管理创新与发展的策略

(一)企业信息组织重组

企业信息组织重组是指在统一的目标指导下,根据业务流程重组的理论,对企业现有的信息组织结构进行变革的过程。具体来说,就是变革现有的功能分散、部门平行和部门隶属的组织结构模式,设立功能集成的企业信息中心。基于现代企业知识管理等需求,结合国内外企业信息组织重组成功的案例,兼顾中小企业自身的特色,笔者设计了如下信息组织重组模型:由企业的副总裁或副总经理担任企业的首席信息官(CIO),成立以CIO为主任的企业信息委员会,作为企业最高的信息决策和咨询机构。信息中心下设信息资源部、信息分析与预测部和信息技术部,全面负责企业信息资源开发与管理。信息中心所辖的三个部门之间是一种分工协作的关系,其结构如图6-1所示。

```
        ┌─────────┐
        │  总裁   │
┌──────────┐ └────┬────┘
│企业信息委员会├──│
└──────────┘ ┌────┴────┐
             │  CIO    │
             └────┬────┘
             ┌────┴────┐
             │ 信息中心 │
             └────┬────┘
   ┌──────────┬───┴──────┬──────────┐
┌──────┐  ┌──────────┐ ┌──────┐
│信息资源部│ │信息分析预测部│ │信息技术部│
└──────┘  └──────────┘ └──────┘
```

图 6-1　企业信息组织结构

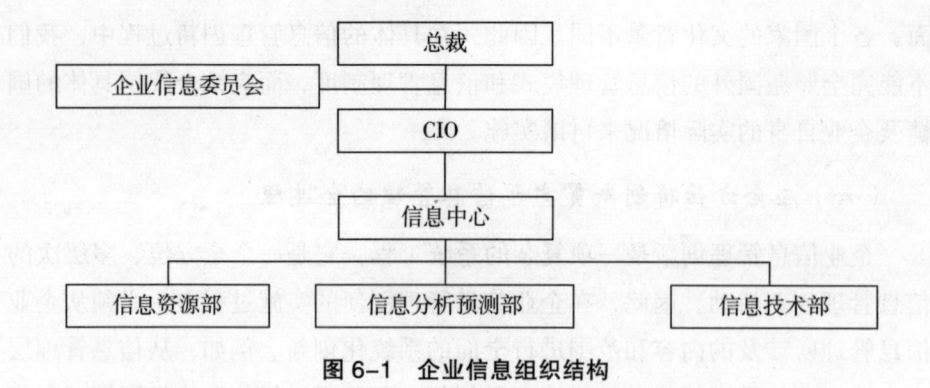

信息组织在企业中处于参谋中心的地位，如图 6-2 所示。

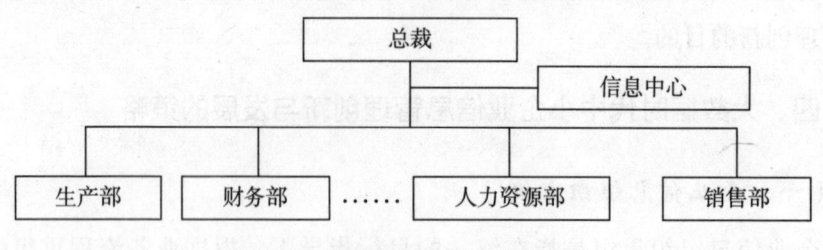

```
              ┌──────┐
              │ 总裁 │
              └──┬───┘
                 ├──────────┐
                 │       ┌──────┐
                 │       │信息中心│
                 │       └──────┘
   ┌────┬────┬──┴──┬────────┐
┌─────┐┌─────┐  ┌───────┐┌─────┐
│生产部││财务部│……│人力资源部││销售部│
└─────┘└─────┘  └───────┘└─────┘
```

图 6-2　信息组织在企业中的地位

这种决策参谋的信息组织结构模式以信息资源管理为基础，以现代信息技术为支持平台，以知识挖掘和发现为中心，强调信息技术和信息资源的集成管理，实现企业信息管理功能的集成，突出信息资源在企业决策、战略规划和创新等方面的重要作用。

企业信息委员会是企业最高的信息决策和咨询机构，主要负责企业重大信息项目（如 ERP）的决策规划、企业信息政策的审核等。其成员主要为相关部门的管理者及专业技术人员。CIO 是负责制定企业的信息政策、标准和程序方法，并对企业信息资源进行管理和控制的高级行政管理人员。

信息资源部主要提供企业常规性的信息服务，强调为企业的研发与创新服务，负责企业信息资源的收集、整理、存储和传递等。它下设文献信息部、信息咨询部和市场信息部等职能部门。

信息分析预测部是最核心的部门，主要面向企业战略决策和规划服务，最重要的任务是进行企业战略规划及创新所需的知识挖掘和发现，负责企业的竞争情报研究、竞争对手的跟踪研究、企业商业秘密的分析和研究、企业客户和供应商的分析和研究、企业的市场预测等，定期编写供战略规划部门、决策层或有关业务部门参考的针对性强的信息内参。其下设竞争情报部、信息分析部和信息预测部等职能部门。

信息技术部主要负责企业信息系统（如 ERP、SCM、CRM 等）的开发、运行、管理和维护，企业网站的建立和技术维护，Intranet、Extranet、Internet 和电子商务等方面的技术支持。信息技术部既是信息资源部和信息分析与预测部的支持系统，也是各职能管理部门和业务部门的支持系统，其作用极为重要。信息技术部下设系统发展部、技术保障部和网络部等职能部门。

（二）企业信息制度创新

制度创新是管理创新的重要内容之一，因此，信息制度创新是企业进行信息管理创新的必然选择。企业信息制度创新就是变革传统落后的企业信息制度，建立现代企业信息制度，即企业 CIO 制度。所谓企业 CIO 制度，就是由企业的最高经营决策层中的 CIO 全面统筹负责企业信息管理活动，设置专门的信息管理职能部门，主要负责组织信息的收集、开发、传播、共享、协调等日常工作。企业 CIO 制度的实施代表了一种全新的现代企业的管理体制与思想，它可以有力促进工业时代的企业管理体制和流程最终转向信息化。

企业信息管理中的 CIO 制度具有明确的特点：其一，高中低管理职务相结合，也就是要形成层次分明、结构有序、职能清晰的企业信息管理体系；其二，分散管理与集中管理相结合，也就是要强调专门管理系统的集中信息管理与其他业务管理系统的辅助信息管理的结合；其三，资源管理与综合管理相结合，也就是要把企业信息管理系统功能与企业业务管理功能有机联系起来；其四，现代技术与科学管理相结合，也就是要充分运用现代信息技术和管理技术促进企业信息管理系统现代化。

CIO 的主要职责：参与企业高层管理决策；制定企业的信息政策与信息活动规划；管理企业的信息流程，规范企业信息管理的基础标准；负责企业的信息系统建设规划与宏观管理；为企业经营管理提供有效的信息技术支持；评估信息技术的投资回报问题；宣传、咨询与培训；信息沟通与组织协调。

（三）企业信息文化重塑

企业信息文化是企业及其员工在以信息、信息资源、信息技术为基础的信息活动和经营管理活动中创造的物质文化、精神文化和制度文化的总和。企业信息资源系统和信息技术体系构成了作为物质形态的企业信息文化的主要内容和发展基础。企业信息文化的精神文化主要表现为信息价值观念，是企业个人和群体的精神的、内化的信息意识和素养的集中体现，也是企业信息组织的基本思想和信念，是企业信息文化的核心。制度文化则是指人们在社会实践过程中缔造的社会关系以及用于调控这些关系的规范体系。

长期以来，中小企业在自身的发展和建设过程中，对企业信息文化的建设并不是十分重视，导致企业信息文化建设的滞后，严重影响了企业信息化建设进程。加强企业信息文化建设已经成为当务之急。企业要加强信息文化建设，需要以下几点：一是领导重视和实践，二是加强教育和引导，三是积极推进企业信息化，四是建立健全保障机制。

（四）企业信息系统重构

企业信息系统能明显提高管理效率和水平，因此，中小企业信息管理要实现创新与发展，提高信息管理的效率和水平，就必须构建先进、集成化的企业信息系统。

现代企业的新型信息系统需要解决的问题：一是企业内外部信息的集成管理；二是各部门的信息（知识）、资源共享问题；三是知识挖掘和知识发现的问题。

具体方案就是建立与企业扁平组织结构相适应的集成化信息系统。企业集成化信息系统应该是在企业现有的规模基础上，采用先进的管理思想、管理模式、管理方法与信息技术进行改造、完善与创新的结晶，既有实用性，又具有一定的超前性。企业新型信息系统以用户（尤其是战略层用户）为主导，以信息（知识）资源管理为基础，以应用系统为核心，以互联网为纽带，是一种网络化、集成化、基于对象的异构分布模式。

1.用户

企业新型信息系统的用户按信息技术的应用方式可分为两类：Web Browser 用户，通过互联网存取各类信息（知识）；基于 Client/Server 结构的应用系统用户，根据业务要求访问不同的应用系统，并为系统采集信息。

2. 应用服务系统

应用系统是完成企业集成管理信息化的主体，直接实现企业自动化经营管理和生产管理的各项功能，执行各类业务信息的处理，进行数据挖掘，实现知识发现。因此，应用系统应体现先进的管理思想、管理方法和管理技术，强调企业在最佳状态下运行。

3. 信息（知识）资源管理

信息（知识）资源管理是集成化信息系统的基础，应综合采用面向对象技术、多媒体技术、数据挖掘技术和人工智能技术，实现分布式信息（知识）资源的高效管理、集成、重构、共享和知识创新，为用户和企业提供优质的信息服务。

4. 互联网络

从企业信息系统模式的演变来看，网络结构从局域网到企业内联网，再发展到企业外联网，功能也从实现企业内部信息的共享到实现企业内外信息的高度共享，联系所有合作伙伴，形成伙伴企业间的虚拟专用网，实现分布式管理和协作。互联网络以 Web 模型为标准平台，使用超文本传输协议、对象通信协议等多种协议，结合开放式的应用系统，不仅能实现各类信息和对象的批处理通信方式，还能提供联机事务处理和数据库访问的实时信息服务。企业网络与互联网的联通，使企业的经营管理活动融合于全球信息化的环境中，将企业的市场拓展到全球，不仅加强了自身与上下游合作企业的交流，而且借助网络快速有效地获取企业所需的各种信息，加强了企业的竞争力。

（五）企业信息管理人才的培养

企业信息管理人才是现代化管理和高新技术的应用人才，是一种新型的复合型人才。企业信息管理人才既要掌握最新的信息技术和手段，又要具有信息管理的才能；既要精通专业知识，也要具备一定的法律和经济知识，还要具有较强的创新、综合组织、协调能力。具体来说，企业信息管理人才应具备的素质如下：具有扎实的经济理论、现代管理学理论基础、计算机科学技术及应用能力，掌握系统思想和信息系统分析与设计方法以及信息管理等方面的知识与能力；能够担负起企业计算机网络规划、设计和组网；能够进行企业计算机信息系统的规划、设计与开发；能够开发、利用和管理信息资源；能够根据信息技术和企业发展的要求对企业流程进行再设计；敢于打破常规和传统观念，运用系统工程理论、信息技术对企业原有系统进行重新设计、改造和创新，以求得整个系统性能的最优化；能够利用最新信息资源、跟踪科技发展的前沿，及时吸收先进技术知识，并把它们用于本企业生产经营管理之中；能总览全局，迅速找到解决问题的方法，善于依靠集体的力量，发扬团结合作的精神，正确处理好各方面出现的问题。

要加强企业信息管理人才的培养，要做到以下几点：一是发挥普通高校人才培养的优势；二是强化继续教育培训；三是广泛开展国际交流与合作，选派企业人员出国深造；四是创造有利条件，吸收引进人才；五是举办高级研修班；六是积极推进技术管理硕士教育项目。

第二节 大数据时代中小企业质量管理的创新与发展

一、大数据时代中小企业质量管理的数字化转型

（一）中小企业质量管理数字化转型的价值

1. 数字化转型有助于防控质量问题

制造型中小企业实施质量管理数字化转型后，在设计阶段，通过数字化建模设计提升产品设计质量；在生产阶段，通过生产管理系统提升产品生产制造效率；在产品形成过程，通过大量数据分析，监控产品质量特性，优化成本管控，对指标超差预警；在产品供应流转过程，通过供应链数字化系统对产品进行溯源，跟踪每一项产品质量问题的解决。数字化质量管理可有效解决产品研发管控能力弱、生产周期长、质量指标提升乏力、过程质量管理效率低、质量成本损失严重、全过程质量监测信息不完善、质量问题管理无序等一系列问题。

2.数字化转型推动质量技术创新

质量数据是质量管理的基础,大数据采集统计、云计算处理分析,将大量节约质量数据管理人力资源成本。数字技术提高了数据处理的效率和准确性,丰富了质量监测技术手段,将使传统质量抽样检验的统计理论和检测方法产生根本性变革,使质量管控由事后补救向数字技术支撑的全生命周期质量状态监控预测转变。数字化新技术与传统质量技术工具和现代制造体系深入融合,将彻底解决传统质量管理模式下数据管理的无序状态和依靠经验判断的管理决策,推动质量分析结果在经营管理决策中发挥越来越大的作用。

3.数字化转型有助于提高客户满意度

质量管理实现数字化,利用信息技术收集目标客户资料,对目标客户进行分析,在决策阶段抓住客户质量管理点,并体现在设计上;利用信息技术收集客户投诉质量问题,对客户投诉质量问题进行分析总结,避免质量问题重复出现;将客户纳入质量形成过程,让客户了解企业在质量管理中所做的努力,以此得到客户的认同和谅解。因此,实现质量管理信息化有助于企业提高客户满意度。

(二)中小企业质量管理数字化转型的重点

1.推进企业质量管理一体化融合

(1)推进数字化技术和质量管理技术深度融合,实现质量管理工作系统化、标准化、规范化,减少质量管理体系运行中人为因素的影响,避免质量管理与实际经营"两张皮"现象。

(2)制订企业质量管理数字化转型方案,实现生产工艺质量管理、供应链质量管理、零部件管理、计量工器具管理和质量策划、质量监控、问题管理等系统一体化集成。

(3)推进制造企业"两化融合"管理体系建设,以质量管理数字化转型为突破点,深化数字化管理与质量管理体系的融合应用,以点带面实现跨技术、跨部门、跨系统的科学一体化管理。

2.构建质量数据的顶层设计思路

（1）实现质量信息数据的结构化管理，这是开展数据价值挖掘和智能化应用的基本前提。企业在制定数据模型和数据标准，加强数据基础管理，挖掘应用，将质量数据整理成结构化的企业知识数据。

（2）推进实现从产品零部件到整机系统的全流程数据采集，建立产品全生命周期质量信息档案，在纵向实现工厂各层面的数字化建模与数据互联互通，在横向实现从客户需求、产品设计、供应商管控、生产制造到物流服务的质量数据的系统集成。

（3）应用大数据分析、云计算等数字技术，结合六西格玛、精益生产等质量技术，推动质量信息的系统统计分析和深度挖掘应用，依托数据信息统计分析，实现智能分析、预警和辅助管理决策，最终实现质量数据系统化管理和智能化应用。

3.推广全过程质量管理数字技术

（1）积极探索大数据、云计算、数字孪生、人工智能等技术在企业经营管理中的应用，实现研发、设计、生产、供应链等全过程质量管理的融合，推进制造技术突破、工艺技术创新、业务流程再造和生产管理智能化。

（2）实施数字化工厂改造升级，打造具有行业示范效应的智能产品、智能制造生产线、智能车间和智能工厂，培育推广网络化协同、个性化定制、服务化延伸的数字化制造服务管理新模式。

（3）数字化转型赋能新产品研发，推动5G、北斗导航、智能芯片、物联网传感器等在新产品中的装配，实现全过程数字化互联、感知、分析、决策和控制功能，实现用户需求和满意度的实时感知、科学分析和持续改进，提升客户黏性和市场认可度。

（三）中小企业质量管理数字化转型的发展阶段

制造型中小企业以"产品研制+技术服务"为主要业务价值，其质量管理的数字化转型一般分为四个阶段，分别是标准化、信息化、网络化和智能化。

1. 标准化

质量管理数字化转型最基础的工作是把各项工作流程进行系统梳理，对流程运转的输入输出条件进行准确定义，把流程中涉及的各类数据模型和统计规范明确数据标准，实现质量管理流程、过程控制、数据统计的标准化。

2. 信息化

在标准化的基础上，信息化的核心是设法将质量知识和数据信息转化为定量描述，以量化采集的质量管理数据为基础搭建质量数据库，建设质量管理信息系统，将质量信息以数据、图表等多样化展现，为企业质量管理提供决策依据。

3. 网络化

基于内外部质量数据库和质量信息系统的不断完善，利用大数据、云平台、5G和工业互联网等技术搭建质量信息网络平台，将研发、制造、检测、分析、顾客服务等多系统数据融合和互联互通，实现产品和业务流程的质量信息实时监测管理。

4. 智能化

智能制造是制造业数字化转型的高阶目标，涵盖制造企业产品、服务、生存管理模式、运营管理模式和决策管理模式的智能化转型。质量管理的智能化也必将融合于企业智能制造体系之中，实现质量数据的智能采集分析决策、产品全生命周期质量状态智能监测预防、质量管理流程和管理体系的智能优化改进等丰富场景和目的，并将导致制造业质量管理的重大深远变革。

值得注意的是，智能制造模式和数字化转型范式并不是固定的，企业转型的路径也并不是要严格按照这四个步骤逐项实施，智能化是转型的更高阶段，是建立在前面"三化"的基础之上的，只有基础牢固，才能够实现预期的转型成效。

（四）中小企业质量管理数字化转型的策略

制造型中小企业的质量管理数字化转型，要结合企业发展实际，在领导重视和全员推动下，做好顶层设计、路线规划和资源配置，以市场需求和企业管理需求为导向，试点推进研发制造过程的质量管理数据标准化、信息化，通过试点提升质量管理绩效，推动企业内外部全过程的质量管理的网络化和智能化水平。

1. 坚持市场驱动和问题导向相结合

企业的优势业务领域通常质量管理水平也较高，团队的综合能力较强，更是数字化转型的核心领域，实施数字化转型的需求最突出、效果更明显。制造型中小企业要先梳理关键质量过程和典型应用场景，结合市场需求和企业质量管理痛点难点，以产品研制等关键过程和应用场景为重点，做好转型方案论证，探索重点过程的质量管理数字化转型路径和方法。

2. 坚持管理创新和技术赋能相结合

当企业质量管理数字化转型取得一定成效时，中小企业将积累大量的产品质量数据和行业技术数据，具备了将质量数据作为生产要素的基础，质量数据资产将支撑企业的产品创新开发、技术服务升级、管理决策优化和商业价值创造，让质量数据成为企业赢得市场的技术竞争优势。制造企业要牢固树立质量取胜和数字技术赋能的转型理念，深化质量技术与数字技术融合，持续推进智能制造的创新应用与质量管理技术方法升级。

3. 坚持重点突破和持续改进相结合

数字化转型不是一蹴而就的，而是持续改进和迭代升级的过程，这与质量管理的理念和方法相同。数字化转型需要遵循企业发展的普遍客观规律，深化理解其系统性、长期性和艰巨性，做好谋划布局和顶层设计，系统有序推进，要基于重点过程质量管理的创新试点经验，在企业逐步实现全领域、全方位、全过程、全员的应用实施。

4. 构建智能化质量管理系统

中小企业质量管理的数字化转型离不开智能化质量管理信息系统的构建。这就要求企业根据本单位实际情况，开发相适应的质量管理信息系统。质量管理信息系统要将人工智能、大数据、云计算等技术进行整合，设计智能化质量管理信息系统。质量管理信息系统要强化流程管理，作好后台日志记录，不允许随便清除后台日志记录。这样质量管理在系统里能够全程化、流程化，防止部分员工漠视质量管理。质量管理信息系统应当根据单位产品设计或项目实施需要不断地进行优化和升级，以提高质量管理信息系统应用的便捷性。尤其是移动智能时代，需要设计质量管理App，方便员工进行质量管理操作。对于质量管理信息系统，提升质量管理的数据分析能力和智能化，需要加强数据的收集。在质量管理信息系统建设初期，质量管理岗位工作人员要通过对本单位质量管理历史数据和行业相关数据的收集，筛选有效的质量管理案例和数据，录入系统，为企业的智能化和大数据分析提供全面的基础数据。

5. 强化质量管理培训，打造高质量管理队伍

在大数据时代强化质量管理，必须加强质量管理培训，形成全员质量管理意识，建立高质量管理监控队伍。首先，要加强对每个员工的质量管理培训，强化每个员工的质量管理意识，让每个员工都学会运用质量管理信息系统。要聘请相关专家，以经典案例教学为依托，以现场或线上等方式授课，对员工进行质量管理知识的讲授并传播质量管理方法，让员工在计划、执行、检查和处理等环节都能严格把控质量，同时开展风险评估和成本预算，权衡成本和预期收益，加强产品和工程管理质量把关。尤其要让员工学会利用质量管理信息系统的经验案例库和大数据分析等工具来增强质量管理的智能化、数据化，让质量管理更加精准化和市场化，提高质量管理预测的科学性。其次，要对专业质量管理人员进行全面系统培训，使其更好地履行质量管理守门人的职责。作为企业专职的质量管理人员要强化质量管理中的流程管理，对质量管理的每个环节进行监控，对在质量管理中发现的问题应及时进行制止并提出改进建议。最后，完善和优化质量管理经验案例库建设，丰富质量管理的基础大数据信息，充分做好数据收集，让大数据和智能分析用到实处，提高质量管理的科学性。因此，这种培训既要提高管理人员的质量管理知识水平，又要加强质量管理信息的建设和维护，提升质量管理人员信息媒介素质能力。

数字经济时代已经到来，制造型中小企业实施数字化转型已是大势所趋，数字化赋能的制造业质量管理，将成为下一阶段制造业转型升级的重要内容。质量管理数字化转型要以价值和效果为导向。在技术更新迭代加速、用户需求不断变化、商业模式重构颠覆、竞争环境复杂多变的环境下，数字化支撑下的质量管理必将发挥越来越重要的作用。

二、大数据时代中小企业质量管理咨询服务平台的建设

（一）中小企业质量管理咨询服务平台建设背景

2017年9月，《中共中央 国务院关于开展质量提升行动的指导意见》（以下简称《指导意见》）发布后，在全国质量领域引起极大反响。《指导意见》明确提出"创新'互联网+质量服务'模式，推进质量技术资源、信息资源、人才资源、设备设施向社会共享开放"，"加快培育产业计量测试、标准化服务、检验检测认证服务、品牌咨询等新兴质量服务业态，为大众创业、万众创新提供优质公共技术服务"。当前很多城市都在着力打造"全国质量强市示范城市"，力推社会和经济发展进入高质量发展的新时代。

笔者通过调研发现，一方面，我国的中小企业质量管理普遍存在管理水平较低、产品以中低端为主、模仿和重复生产较为严重等问题，对外部竞争环境的反应能力较弱，对先进质量工具及管理方法的推广应用缓慢，多数企业存在闭门造车的管理思维。另一方面，相关管理部门为中小企业提供的公共服务还不足，各级服务体系尚不健全，特别是面向中小企业的质量管理服务，存在服务机构少、服务范围窄、服务水平低、服务市场不规范等一系列问题，阻碍了企业提高产品质量和提升市场竞争力。

当前，部分城市的质量监督管理部门已根据《指导意见》精神，探索建立了相关"互联网+质量服务"模式，陆续建设并推出了一批平台和应用，如黑龙江省质量公共服务平台、宁波市标准化公共服务平台、宁波市检验检测公共服务平台等。

为更好贯彻落实《指导意见》，切实做好"质量强国"和"中国制造2025"等国家大战略工作的抓手和推手，积极推进质量管理创新，建设一个以质量管理咨询服务为主体、面向中小企业的服务平台，既可行又非常有必要。因此，笔者提议建立"中小企业质量管理咨询服务平台"，并对平台建设提出了以下几点思考。

第六章 大数据时代中小企业信息管理与质量管理的创新与发展

（二）中小企业质量管理咨询服务平台的建设思路

1. 总体目标

平台将组织带动社会服务资源，开展公益性、定制化服务。有效发挥标杆企业示范带动作用，通过多种形式，为中小企业提供质量咨询、品牌建设等相关服务，为有质量管理提升需求的企业提供渠道与媒介，使平台成为服务中小企业的骨干力量和推动大众创业、创新的重要支撑。通过3~5年的努力，将平台打造成普及质量管理知识的线上工具、企业诊断自身管理问题的网上诊所、质量大数据分析成果展示的网络窗口。

2. 建设原则

（1）统筹规划，分步实施。从质量管理咨询服务的需求出发，实施整体推进，分功能模块建设，成熟一个建设一个。

（2）整合集成，资源共享。激活质量管理知识资源，通过整合优化，大幅提升资源潜能，实现资源案例数据的互联互通、共建共享。

（3）因地制宜，同步发展。以创新需求为导向，以适用性为标准，以应用促建设，结合区域特点和产业优势进行拓展，线上和线下相互推动、同步发展。

（4）政府引导，多方共建。政府负责平台建设的前期开发和运营资金的投入，引入企业、科研技术组织、管理咨询机构等参与平台的具体功能模块建设与日常运营。平台运营步入正轨并形成规模效应后，可通过相关的增值服务维持日常运营成本，保持平台公益性属性，不过于追求商业效益。

3. 主要功能及服务

（1）知识云图。质量管理知识云图是解决企业遇到实际问题的理论源泉。以知识点串联成知识云图，实现知识点在多维度上的拓展。通过知识云图，在网上输送质量管理的知识、工具、方法和应用，如基本质量管理体系、三体系、流程优化、卓越绩效等，为企业管理者获取相关质量管理知识、提升企业管理水平提供"一站式"服务。通过以点带面的形式，深度展示质量管理知识，让企业掌握管理方法及精髓。

知识云图不是以枯燥的文字来呈现知识点，而是通过互动图形界面，打破单纯的视觉呈现，允许用户对所呈现内容进行拖曳、挖掘和延伸；以知识云图形式，让知识体系化、拓扑层次化、互动可视化成为辅助用户进行管理理念思考的方式。

（2）案例诊断。按不同行业、规模、类型等对企业进行分类，将企业所存在的质量管理的问题进行网络展示，深度揭示企业管理过程中可能存在的问题，如现场管理、成本问题、流程问题、战略方向及供应链管理问题等，进而探求解决方案并总结经验教训。平台在不断服务企业的过程中，积累企业实际案例并将其数据化，通过深入剖析案例，找出企业管理问题，如环境保护压力、人力资源贫乏、缺少专业管理团队等，将这些问题的共性因素进行分析、提取。利用大数据挖掘技术，以案例反映的深层次管理优化线索对企业进行诊断，开出质量管理提升的"药方"，再次深入剖析原有众多案例，找出企业问题形成的原因，形成"咨询实践—案例分析—经验积累—数据挖掘—诊断模型—咨询实践"的螺旋上升通道。

案例诊断展示的核心是将案例中反馈的企业质量管理问题，离散、细分形成众多的管理影响因子；通过大数据分析计算和深入挖掘，找出各影响因子之间的内在联系，使之形成网络；分析企业实际案例，计算问题的权重值，以权重值的大小反映问题形成的概率。

案例诊断的实现效果如图6-3所示。

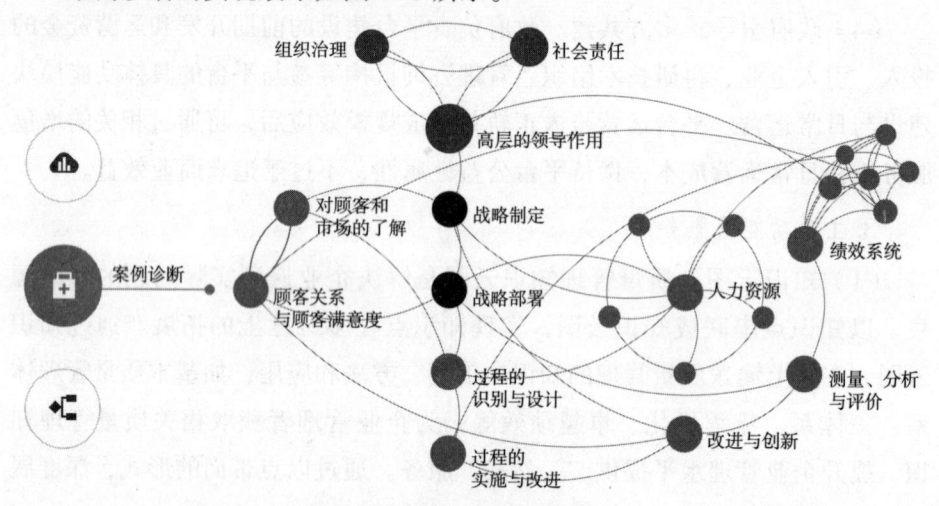

图6-3 案例诊断的实现效果

（3）平台互动。

①咨询机构。选择有质量管理体系、现场管理、卓越绩效、专项模块咨询经验及专业检验检测等技术支撑团队的机构，以及具有良好社会责任和服务口碑的咨询机构入驻平台。入驻机构须通过相关备案手续，且实行优胜劣汰的考核机制。平台应制定好相关备案、统计、分析、考核等标准化作业流程。

②质量互动。企业以会员注册方式进入，根据会员分类，针对性展示平台相关的关键核心内容，如对企业经营存在的问题进行汇集、聚焦及全面剖析等，会员分类随着网站运营的成熟而逐步细化。入驻的咨询机构、管理专家可以与企业进行互动问答。

③服务评价反馈。企业用户可对咨询服务提供机构进行评价反馈，形成的相关信息由平台用于对咨询机构进行分级管理和考核管理，建立起自然淘汰、良币驱逐劣币的机制。通过评价反馈机制，也可调动咨询机构和咨询专家的积极性。

④学习交流。将案例、知识点有机结合，为企业提供社区化学习、讨论、共享的园地。企业还可参与平台组织的各类线上线下培训、分享交流活动。咨询机构、专家可共享（免费）或者提供视频教程版权（平台、会员购买），供咨询机构自我宣传和平台会员学习。

（4）数据分析。

①质量大数据。通过数据挖掘和信息技术手段，汇聚质量管理工作的各个方面的数据，如管理知识点与案例分析，设计大数据分析数学模型，通过大数据的技术和思维，输出具备战略性、全局性、指导性的可视化结论，以此展示质量工作在大数据视角下的成果。

②后台智能AI。管理后台可对平台展示内容、数据等进行管理，并实现"知识—案例—流程"之间的融合。可借助自动化及智能程序设计，实现案例分析、权重值提取、知识点扩充、互动问答等方面的智能AI功能。

（5）其他功能。

①信息推送。将企业关心的内容，如最新的政策、培训通知、交流活动、平台的相关功能调整等，通过短信、微信、邮件、App、平台内消息等途径，及时、有效、点对点地推送给相关人员。

②搜索引擎。提供平台全站内容的综合查询，汇集各类新闻信息、政策资讯、管理知识、案例分析、咨询机构、专家信息等平台的所有资源。

③用户界面。为知识云图、案例诊断展示等开发图形化用户界面，便于平台受众可视定位到所关心的资源和内容关键点。

4.服务流程

制定服务流程是为了优化平台组织内部、外部资源配置，提高服务效率，是平台自我完善、提升的关键。沿着"企业—咨询—客服引导—线上线下结合—解决问题"的基本服务路线图，对服务各个环节进行梳理、整合，同时吸纳各种服务手段、推广模式等，打通"企业—平台—咨询机构—咨询专家"渠道，使之有机衔接起来。通过服务流程的优化和再造，使平台能够更便捷、及时、有效地服务于中小企业。

建设服务平台的根本目的是以平台为中介，一头连接有质量管理提升需求的企业，另一头连接服务机构和咨询专家。为达到这一目的，畅通信息渠道必不可少，因此，既要整合上门咨询、电话、邮件等传统通信模式，也要积极应用或开发微信、微博、手机 App 等新的信息传播工具。

服务流程示例如图 6-4 所示。

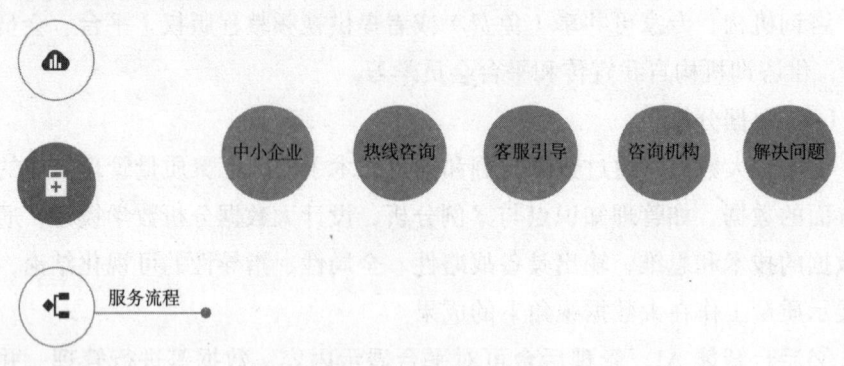

图 6-4 服务流程示例

5.服务平台开发及运营前景

通过 3~5 年的运营，服务平台将在中小企业范围内具备一定影响力，成为提升中小企业质量管理的抓手。具体而言，1 年的开发测试，确保平台顺利上线、良好运行；2 年左右的初期运营，引入相关咨询机构，扩大中小企业受众；再经过2~3年的宣传推广，开创服务品牌新模式。

在服务平台的运营过程中，须持续优化服务流程、完善系统功能，不断加大知识点扩充、案例收集与挖掘、流程再造及优化，及时将知识点、案例、流程有机结合，密切跟踪咨询机构、专家对企业的咨询辅导情况和解决企业实际问题的情况，从而提升系统的用户体验，提高客户的满意度，扩大平台的影响力。

通过服务平台的连接效应，逐步实现中小企业、管理咨询机构及专家、相关行业管理部门等之间的互联互通，为提高中小企业管理水平，提升企业产品和服务质量奠定坚实基础，进而为驱动社会、经济迈向高质量发展的新时代贡献力量。

参考文献

[1] 杨加陆，范军，方青云，等.中小企业管理[M].上海：复旦大学出版社，2006.

[2] 丁蕊.中小企业管理创新[M].长春：吉林出版集团股份有限公司，2019.

[3] 滕兴乐.中小企业管理创新研究[M].长春：吉林人民出版社，2020.

[4] 郑谢臣.中小企业管理创新视角与运营[M].北京：航空工业出版社，2019.

[5] 白林.中小企业管理概论[M].合肥：中国科学技术大学出版社，2014.

[6] 杨宜，陶秋燕，董焱.中小企业管理理论与实务[M].北京：中国经济出版社，2011.

[7] 林汉川，邱红.中小企业管理教程[M].上海：上海财经大学出版社，2006.

[8] 严建渊，苗敬毅.现代企业管理理论、方法与技术[M].北京：中国建材工业出版社，2004.

[9] 王雅姝.大数据背景下的企业管理创新与实践[M].北京：九州出版社，2019.

[10] 朱扬勇.大数据资源[M].上海：上海科学技术出版社，2018.

[11] 刘思源，张金.大数据大营销[M].北京：中国发展出版社，2017.

[12] 秦选龙.大数据下的管理会计变革[M].北京：中国纺织出版社有限公司，2022.

[13] 韩胜建.制造业管理人员玩转大数据 大数据赋能供应链管理[M].北京：机械工业出版社，2021.

[14] 王伟军，刘蕤，周光有.大数据分析[M].重庆：重庆大学出版社，2017.

[15] 荆伟.企业管理创新与运营[M].北京：中国纺织出版社，2017.

[16] 温柏坚，高伟，彭泽武，等.大数据运营与管理：数据中心数字化转型之路[M].北京：机械工业出版社，2021.

[17] 潘栋梁，于新茹.大数据时代下的财务管理分析[M].长春：东北师范大学出版社，2017.

[18] 金宏莉，曾红.大数据时代企业财务管理路径探究[M].北京：中国书籍出版社，2021.

[19] 王小沐，高玲.大数据时代我国企业的财务管理发展与变革[M].长春：东北师范大学出版社，2017.

[20] 龙敏.财务管理信息化研究[M].长春：吉林大学出版社，2016.

[21] 罗进.新经济环境下企业财务管理实务研究[M].北京：中国商业出版社，2019.

[22] 徐炜.大数据与企业财务危机预警[M].厦门：厦门大学出版社，2019.

[23] 王晓丽，孟秀蕊.大数据时代预算管理理论与创新实践研究[M].长春：吉林人民出版社，2021.

[24] 李艳华.大数据信息时代企业财务风险管理与内部控制研究[M].长春：吉林人民出版社，2019.

[25] 王凯霞.大数据时代企业人力资源管理模式构建与机制创新研究[M].北京：北京工业大学出版社，2018.

[26] 穆胜.人力资源管理新逻辑[M].北京：新华出版社，2015.

[27] 刘琴琴，戴剑.新常态下的人力资源管理：战略、体系和实践[M].上海：上海财经大学出版社，2017.

[28] 王岚，熊岩海.营销管理数据挖掘的系统设计与实施[M].北京：中国书籍出版社，2016.

[29] 蔡勤东.大数据时代：企业借助互联网成功转型升级[M].北京：中国财富出版社，2015.

[30] 苏高.大数据时代的营销与商业分析[M].北京：中国铁道出版社，2014.

[31] 丘美英.基于大数据视角的中小企业财务管理创新路径探讨[J].商业经济，2022(10)：164-165，193.

[32] 苏梅.大数据背景下中小企业加强成本控制及实现财务会计向管理会计转型的策略研究[J].企业改革与管理，2022(16)：162-164.

[33] 赵威,权容蔓.大数据时代中小企业财务管理及税务风险防控[J].上海商业,2022（4）：130-134.

[34] 邹雪宾.大数据时代中小企业信息化管理模式研究[J].黑龙江科学,2022,13（6）：146-148.

[35] 郭明,齐凯.大数据背景下中小企业财务管理创新策略[J].现代商业,2022（3）：144-146.

[36] 彭翠,李云芮.基于大数据背景探究中小企业财务管理的创新策略[J].上海商业,2021（12）：132-133.

[37] 赵洁.大数据对中小企业财务管理的影响及对策研究[J].商展经济,2021（22）：133-136.

[38] 余涛.试析大数据时代中小企业财务管理及税务风险防控[J].当代会计,2021（19）：67-69.

[39] 卢婉.大数据在营销管理中的应用综述[J].中国集体经济,2022（19）：64-66.

[40] 王振华,曾春花.环境、运营、管理:大数据对中小企业发展的影响研究[J].经济论坛,2019（3）：33-38.

[41] 李伟东.基于大数据环境的电力企业营销管理创新策略研究[J].技术与市场,2021,28（10）：175-176.

[42] 高亚超.大数据时代安徽省中小企业人力资源管理的创新模式研究[J].湖北文理学院学报,2016,37（11）：75-80.

[43] 张彦培,刘治辉,高汉城.浅析大数据时代下人力资源管理在企业管理中的作用[J].经济师,2022（5）：270-271.

[44] 张晓燕.大数据背景下人力资源管理的作用、限制与提升路径[J].北京财贸职业学院学报,2022,38（4）：54-57.

[45] 李宁,张利超,董国民,等.大数据时代背景下CBA人力资源管理体系功能构建的实现路径研究[J].广州体育学院学报,2021,41（6）：22-26.

[46] 沈素忠.大数据背景下A公司管理信息集成化的实践研究[D].桂林：桂林理工大学,2020.

[47] 曲浩玥.Z公司基于大数据平台的财务风险管控案例研究[D].北京：中国财政科学研究院,2022.

[48] 胡诗语. 大数据环境下L企业全面预算管理研究[D].长沙：中南林业科技大学，2020.

[49] 康巍. 基于大数据利用的企业财务管理创新研究——以L公司为例[D].南昌：南昌大学，2018.

[50] 钟春柳. 大数据环境下Y公司财务管理转型研究[D].广州：广东工业大学，2018.

[51] 王乙乾. 大数据及人工智能在企业人力资源管理上的应用研究——以G公司为例[D].北京：北京化工大学，2020.

[52] 高冲. 大数据驱动下人力资源管理岗位胜任力的特征解析与能岗匹配模型的构建研究[D].兰州：西北师范大学，2019.

[53] 王元元. 大数据时代互联网企业人力资源管理研究——以JCTS公司为例[D].北京：中央民族大学，2017.

[54] 杨青. 银行大数据精准营销系统的设计与实现[D].成都：电子科技大学，2020.

[55] 熊瑞. 大数据在S公司营销管理应用研究[D].成都：电子科技大学，2019.

[56] 王培. 大数据驱动下宝贝在线精准营销策略研究[D].西安：西安理工大学，2017.

[57] 陈烨. 中小企业数字化转型研究[D].成都：四川大学，2021.

[58] 吴靖华. 基于大数据的中小企业动态竞争力提升研究[D].南昌：江西财经大学，2016.

[59] 曾敏越. 云计算环境下中小企业管理创新研究[D].南昌：南昌大学，2015.